CB060336

William Shakespeare
50 SONETOS

TRADUÇÃO E APRESENTAÇÃO *Ivo Barroso*
PREFÁCIO *Antônio Houaiss*
ESTUDO *Nehemias Gueiros*

8ª EDIÇÃO

EDITORA
NOVA
FRONTEIRA

© 2015 da tradução by Ivo Barroso

Direitos de edição da obra em língua portuguesa no Brasil adquiridos pela Editora Nova Fronteira Participações S.A. Todos os direitos reservados. Nenhuma parte desta obra pode ser apropriada e estocada em sistema de banco de dados ou processo similar, em qualquer forma ou meio, seja eletrônico, de fotocópia, gravação etc., sem a permissão do detentor do copirraite.

Editora Nova Fronteira Participações S.A.
Rua Candelária, 60 - 7.º andar - Centro
Rio de Janeiro – RJ – Brasil
Tel.: (21) 3882-8200

Imagem de capa: Isaac Oliver,
"A Party in the Open Air. Allegory on Conjugal Love",
Detalhe. 1595. Têmpera e aquarela.
Statens Museum for Kunst, Copenhagen.

CIP-Brasil. Catalogação na publicação
Sindicato Nacional dos Editores de Livros, RJ

S539c   Shakespeare, William, 1564-1616
        50 sonetos / William Shakespeare ; tradução Ivo Barroso ; prefácio Antônio Houaiss ; estudo Nehemias Gueiros. - 8. ed. - Rio de Janeiro Nova Fronteira, 2021.
        160 p. ; 23 cm (Clássicos de Ouro)

        Tradução de: Sonnets
        ISBN 9786556401904

        1. Poesia inglesa. I. Barroso, Ivo, 1929-. II. Houaiss, Antonio, 1915-1999. III. Título. IV. Gueiros, Nehemias. V. Série.

CDD: 821
CDU: 821.111-1

Sumário

Nota introdutória à 5ª edição 7
Prefácio à 1ª edição:
Shakespeare: uma tradução isotópica, por Antônio Houaiss 13

Sonetos 19

Estudo:
Mistério do soneto shakespeariano, por Nehemias Gueiros 121

Nota introdutória à 5ª edição

A primeira edição destes sonetos saiu em 1973, sob a forma de um *coffee-table book* (30 x 40cm), numa tiragem de apenas 1.200 exemplares, em papel Westerprint 150g, com ilustrações a cores de Isolda Hermes da Fonseca e projeto gráfico de Miguel Paiva, uma introdução de Nehemias Gueiros e prefácio de Antônio Houaiss. O livro continha 24 sonetos traduzidos, que eram os de número 1, 2, 12, 14, 15, 17, 18, 19, 22, 23, 27, 28, 29, 30, 55, 65, 71, 73, 98, 106, 116, 127, 138 e 144, assinalados em romano tanto para o original quanto para a tradução. O texto inglês corresponde ao da edição de W.J. Craig (*The Complete Works of William Shakespeare*) para a Oxford University Press.

A segunda, já em formato comercial, data de 1975 e reproduz os textos da primeira, sem as ilustrações e sem a indicação numérica no alto dos sonetos.

A terceira, de 1991, apresentou modificações consideráveis: o número de traduções cresceu para trinta, os textos foram inteiramente revistos, e o prefácio de Antônio Houaiss, deslocado para o fim do livro, passou a denominar-se posfácio. Os sonetos acrescentados foram os seguintes: 40, 42, 44, 52, 91 e 121, e estabeleceu-se a numeração em arábico para os originais e em romano para as traduções.

A quarta edição, de 2005, em formato de livro de bolso, saiu com 42 sonetos e algumas alterações. Acrescentaram-se os de número 34, 37, 60, 79, 100, 110, 130, 143, 145, 147, 149 e 152, e o 91 da edição anterior foi substituído por nova versão. Inverteu-se a numeração, passando os romanos a marcar os originais e os arábicos as traduções. A apresentação de Antônio Houaiss voltou a anteceder a mostra, mantendo-se conforme o texto da primeira edição. Deslocado para o final do volume, o excelente estudo de Nehemias Gueiros, dos mais substanciosos ensaios sobre Shakespeare e a poesia elisabetana já produzidos no Brasil, conserva sua atualidade no que concerne aos aspectos circunstanciais dos sonetos (de acordo com os definitivos levantamentos feitos por A.L. Rowse, por ele citado), carecendo apenas de um acréscimo no que respeita à bibliografia das edições dos sonetos em português e dos estudos sobre a arte tradutória. Além dos nomes arrolados por Nehemias como tradutores dos sonetos, podemos acrescentar os dos portugueses Vasco Graça Moura (*50 sonetos de Shakespeare*, Porto, Editorial Inova, 1978) e Ênio Ramalho (*Sonetos*, edição integral, em prosa, Porto, Lello & Irmão, 1988) e os dos brasileiros Jorge Wanderley (*Sonetos*, edição integral, Rio de Janeiro, Civilização Brasileira, 1991), José Alberto Gueiros (sonetos 116, 127 e 138 agora editados no livro *Sabor de loucura*, Rio de Janeiro, Editora Expressão e Cultura, 1997), Barbara Heliodora (*Poemas de amor de William Shakespeare*, Rio de Janeiro, Ediouro, 2000 — sonetos 15, 18, 23, 27, 28, 29, 30, 59, 65, 71, 73, 91, 92, 107, 116, 130, 137, 138 e 148) e Milton Lins (*Sonetos de William Shakespeare*, Recife, ed. do tradutor, 2005 — os 154). Quanto aos estudos sobre a teoria da tradução, podemos aduzir, apenas como referência, os de Peter Newmark (*About Translation*, Clevedon, Multilingual Matters, 1991), Fritz Güttinger (*Zielsprache*, Zurique, Manesse Verlag, 1963) e, mais recentemente, o *Poétique du traduire*, de Henri Meschonnic (Paris, Verdier, 1999). Se na edição de 2005 chegamos aos 42 sonetos traduzidos, uma espécie de jogo numérico para obter a transposição do número inicial (24 para 42), nosso intuito, no entanto, jamais foi o de traduzir TODOS os sonetos, por achar impossível fazê-lo da forma como tratamos os primeiros e, por isso, estabelecemos como limite máximo a barreira dos 50.

O interesse pelos sonetos remonta a várias décadas. Um caderno escolar, com três escoteiros na capa, o do meio empunhando uma descomunal bandeira do Brasil, trepado sobre um pedestal onde se lê, a tinta azul — *Traduções* — me assegura que já em 1947/48 eu andava às voltas com Amado Nervo, Émile Lante, Siegfried Sassoon, Manuel

González Prada, Baudelaire (*L'homme et la mer*), o Anônimo espanhol (*No me mueve, mi Dios*) e... Shakespeare: nada menos que o Soneto XXIX (*When in disgrace with fortune and men's eyes*), traduzido em alexandrinos (Quando, longe da vista humana e da fortuna) e do qual aproveitei mais tarde um bom número de soluções quando me propus vertê-lo em decassílabos. No final dos anos 1950 já devia ter uns quatro ou cinco prontos, com os quais obtive uma espécie de passe livre nas páginas do suplemento dominical do *Jornal do Brasil*, sob a égide de Mário Faustino e Reynaldo Jardim. Entre esses quatro, recordo-me que estava o LXXI ("Não lamentes por mim quando eu morrer"), que me granjeou a simpatia de Manuel Bandeira.

A fase de trabalhos sistemáticos, no sentido de traduzir um considerável número deles, só ocorreu na Holanda, nos anos 1968/70, onde me deparei, pela primeira vez, com uma coleção completa dos 154 sonetos, numa edição bilíngue (inglês/neerlandês), traduzidos por W. van Elden, que minha timidez não me impediu no entanto de conhecer pessoalmente. Foi com a tradução de seu prefácio que passei a ter consciência das dificuldades a que se expunha, em qualquer língua, quem intentasse traduzir os sonetos shakespearianos querendo manter-lhes o ritmo, os jogos de palavras, as polissemias e duplos sentidos, o vocabulário ora erudito ora popular, a riqueza de ambientes, cores, tons, sem falar nas metáforas peculiares e nos recursos formais que funcionam como elementos gestálticos. Diz van Elden: "Shakespeare conseguiu extrair da forma soneto tudo o que ela poderia dar. Por meio de infinitas variações métricas e do uso de todos os recursos poéticos, como aliteração, rimas internas, antíteses, repetições e trocadilhos, logrou um resultado quase inatingível. E tudo isso com tal facilidade e naturalidade que os recursos técnicos podem até passar despercebidos a quem não procurá-los expressamente." O clima neerlandês terá certamente contribuído para a obsessão de "trabalhar" a tradução dos sonetos até conseguir preservar a maior parte possível de seus elementos, a manutenção da ordem das proposições, os recursos estilísticos, sem abrir mão de seu trânsito poético pelo território da língua portuguesa. Outro caderno, já dessa época, na verdade um bloco de notas (*100 vel prima houtvrij schrijfpapier met lijnen*), atesta a quantidade absurda de tentativas de transposição de um único verso, como o inicial do soneto I (*From fairest creatures we desire increase*), com suas duas aliterações sucessivas (em fr e em cre), até chegar ao equivalente "Dos seres ímpares ansiamos prole" (se/si e pa/pro), pois ora se obtinha a aliteração mas havia a discrepância da rima, ora aquela não se encaixava na métrica, sem falar na recusa permanente aos circunlóquios ou transposições.

Da Holanda trouxe 24 sonetos que, revistos, foram editados pela Nova Fronteira em livro de luxo destinado a bibliófilos, em 1973. Numa segunda estadia na Europa, dessa vez com passagem pela Inglaterra, a obsessão continuou, acrescida então de bom número de instrumentos críticos, com o intento de elevar o número de peças traduzidas para trinta, com vistas a uma edição comercial que veio à luz em 1991. A essa altura, já havia o convívio com edições integrais de renome, como a da Oxford (ed. W.J. Craig) e a da Pelican (ed. Douglas Bush), e a frequentação de autores fundamentais como Stephan Booth, W.G. Ingram e Theodore Redpath, John Dover Wilson, Kenneth Muir, Robert Giroux e A.L. Rowse, com suas notas e comentários elucidativos, além de estabelecimentos de texto. O precioso livrinho *Shakespeare's Wordplay*, de M.M. Mahood, mostrava as intenções ocultas e as sutilezas verbais que certamente escapariam sem a sua ajuda. E da joia rara, aquela cujas notas representavam uma espécie de bíblia-guia dos Sonetos, procurada em todos os grandes alfarrabistas de livros raros por onde andei — *A New Variorum Edition* —, que só fui conseguir em cópia xerográfica na Biblioteca Real de Estocolmo nos fins dos anos 1980. Houve também a obsessão de examinar o maior número possível de traduções, principalmente as francesas, a partir da de François-Victor Hugo, que eu já conhecia desde o Brasil. Mas a França me reservou uma grande decepção na pessoa de Henri Meschonnic, incensado professor da Sorbonne, com seu livro *Poétique du traduire* (Verdier, 1999), em que arrola e critica impiedosamente oito traduções francesas do soneto XXVII (*Weary with toil, I haste me to my bed*), num período que vai de 1887 a 1992. Depois de detonar todos os seus antecessores, Meschonnic apresenta a *sua* versão, que, longe de ser perfeita, nada tem de poética, além de passar voando por sobre o magnífico jogo de palavras do 4° verso, em que Shakespeare brinca com as nuances de *work* como verbo e como substantivo (*To work my mind, when body's work's expir'd*). Nem sempre o conhecimento teórico assegura a realização poética...

Ao longo de todos esses anos que vimos nos dedicando à transposição desses versos imortais, se houve quase sempre a sensação de incompletude, a frustração de não conseguir a desejada semelhança, a mesma riqueza e elevação de tom que prevalece no original, por outro lado alguma vez nos visitou a alegria de ter produzido um ou outro verso que espelhava um momento satisfatório de nossa própria realização poética.

Com esta 5ª edição (definitiva) alcançamos o objetivo a que nos propúnhamos desde o início destas traduções: chegar aos 50 dos 154 sonetos de Shakespeare, algo como 1/3 do volume. Aí estão alguns daqueles que nos eram igualmente caros e com os quais mais nos ocupamos nas várias fases da elaboração deste trabalho (24, 35, 46, 64, 66, 76, 81 e 113); e, se não incluímos peças como o CXXIX (*"The expense of spirit in a waste of shame"*) ou o LXXXVII (*"Farewell! thou art too dear for my possessing"*) e outros consagrados, foi porque nenhuma das inúmeras tentativas de traduzi-los nos pareceu atingir os padrões que estabelecemos para tanto: um máximo possível de proximidade com o sentido do texto original conjugado ao desejo de manter, em português, a sua envolvente poesia. Esperamos, com estas 50 amostras, dar aos leitores brasileiros pelo menos um estímulo para o conhecimento dessa obra que, como o próprio Poeta afirma, será mais duradoura que o mármore e os áureos monumentos dos reis.

Ivo Barroso

Prefácio à 1ª edição
Shakespeare: uma tradução isotópica

A partir do advento da escrita fonológica, a tradução tem sido uma constante na história — como um dos germes de feiçoamento de uma humanidade só, que algum dia será realizada — bombinhas atômicas e afins à parte —, quando restarem cinco ou quatro ou três ou duas línguas de cultura, e os homens cultos, isto é, todos os homens, forem cinquilíngues, ou quadrilíngues, ou trilíngues, ou bilíngues, inter- e intratraduzindo as línguas dominantes, como preço de um psiquismo "naturalmente" universalista. Lá chegaremos.

No meio-tempo, graças a traduções, mais de uma língua iliteratada ou de literatação incipiente se alçou à categoria de língua de cultura, pois o modelo do original propiciou soluções de como usar dos recursos linguísticos sem tradição escrita. A tradução tem sido, assim, fonte permanente de qualificação de muitas línguas, no se elevarem de instrumento de comunicação e expressão volantes — *verba volant* — a instrumento de comunicação e expressão manente — *scripta manent*.

Mas houve e há traduções: as que, infiéis, são fiéis ao dito *traduttore traditore*, e as que, fiéis, são obras de amor. Que é, nas condições modernas, vale dizer, com a repetibilidade tipográfica, tradução de amor? A que se paga das penas do ato amoroso, mas não se paga venal, mercantil, monetariamente — em sociedades como as que vivemos, em que tudo tem seu preço, seja caráter, honra, dignidade, saber, pudor, generosidade, amor (pois que há amor comprável e pagável, e continua a havê-lo sem preço, para alguns, impagável).

As traduções de amor aqui estão. Ivo Barroso — poeta e tradutor experimentado —, que já deu de si a medida de como ama os textos que se propõe traduzir, tais como *Colas Breugnon*, de Romain Rolland, *Poesias*, de Erik Axe Karfeldt, *Demian* e *O lobo da estepe*, de Herman Hesse, dá-nos agora 24 sonetos de Shakespeare, traduzidos ao longo de 15 anos de devoção, ensaios, erros e acertos. Contra a venalidade instaurada, haveria preço para isso? É claro que não, nem esse foi o alvo de Ivo. Pior ainda é que, não querendo aferir-se por um preço, não podia vir à luz por uma indústria que ora se eixa sobre o preço. De modo que, a virem, viriam nas condições em que vêm: um leitor privilegiado, porque também amador de Shakespeare, e de seus sonetos, e de sua língua nossa, estava também em posição privilegiada para poder patrocinar a publicação, de modo que esta fosse um ato de mecenato coletivo. Assim, temos um papa das letras universais através de uma amostragem amorosa de 24 sonetos — o que é pouco, quantitativa, e muito, qualitativamente.

Qualitativamente: é o que se tenta agora provar.

Uma tradução de amor é a que se consome na busca de uma estrutura de valores, elementos, pertinências e funções equivalentes aos da original.

Dentre os vários espectros com que se podem extremar os usos da linguagem de base oral, isto é, das línguas, de cada língua, de uma língua, de um discurso, de um texto, um há que é relevante para o caso: é o que, num eixo representativo de um *continuum*, vê num polo a modalidade da comunicação por excelência — a que visa a atingir o ideal da inequivocidade, da univocidade, da biunivocidade, a cada signo correspondendo um e só valor, a cada significante correspondendo um e só significado —, enquanto vê no outro polo a modalidade da expressão por excelência — a que visa a atingir o ideal da multivocidade, por isso mesmo pejada de equívocos e polissemias, para que a forma verbal obtida consiga ser vetora de ideias, emoções, sensações, intuições, sentimentos, estados, trânsitos, fluências, frêmitos do autor.

Enquanto a comunicação do primeiro polo atribui quase valor nenhum ao significante, pois que nele só importa o fato de que "porta" o significado buscado, a expressão do segundo polo atribui como que peso ponderal igual ao significante e ao significado, pois que essa unidade passa a ser mais rica daqueles conglomerados psíquicos individuais na medida em que, "portando" o significado, injeta graças à forma do significante algo mais nesse significado, algo muito mais, que às vezes atinge o nível do inefável, do que não pode ser dito, porque não há, para dizê-lo, nem configuração semântica, nem corpo fonológico codificado.

Neste último caso, desde todos os tempos, o discurso se apresenta entrelaçado por um jogo mais ou menos rico do que, havia pouco, se podia chamar apoios fonéticos e, hoje, se pode chamar isotopias, palavra mais inclusiva, porque entrelaça também "lugares" mentais afins e não apenas fonemas ou combinações de fonemas afins.

Trata-se, com efeito, no discurso expressivo, de "portar" todo o complexo mentado — de tal arte que em cada parelha, em cada jogo, em cada trama, em cada grade de isotopias pertinentes se possa perceber que algo além, aquém, ao lado, por sobre, com os significados é significado. E mesmo que um "gênero" ou "subgênero" fixo seja a convenção aceita como camisa de força ou regra do jogo, nos grandes poetas essa convenção é, em lugar de uma castração, um repto a mais para a busca da eficácia da expressão. Por isso, o soneto — para tomá-lo como exemplo —, nos seus algo como seis séculos de existência, tem morrido e ressuscitado várias vezes, devendo-se sua ressurreição algumas vezes a desafios como este que Ivo Barroso enfrenta. De fato, como deixar só em inglês alguns desses monstros ideais de expressão que o Bardo soube criar?

O requinte gráfico, necessário, desta edição de alguns sonetos de Shakespeare deriva de que, no seu bilinguismo, não se quis apenas mostrar que o texto português, por cotejo, era significadamente fiel ao inglês. Quis-se mais: quis-se mostrar que o era a um tempo significada, significante, expressiva, isotopicamente — embora, no último caso, com recursos fatais e haloisotopias, quer dizer, isotopias "outras", compensatórias das isotopias primeiras, pois que, de outro modo, traduzir seria operação impossível. E não é sem-razão, aliás, que a programação computatorial da tradução mecânica não vislumbra, na linha do seu horizonte imaginável, solução para o problema, quando se trate de texto do polo da expressão.

O leitor se comprazerá, por certo, na leitura dos sonetos de Shakespeare na recriação de Ivo Barroso, pois verá que são criaturas — a palavra é perfeita para o caso — que vivem vida vital em língua portuguesa. Mas se comprazerá mais ainda quando se puser a observar os prodígios de correspondências ou compensações isotópicas que foram consumados na transfusão tradutora.

Os exemplos podem ser dados a cada soneto, a cada unidade isotópica qualquer — métrica, rítmica, rímica, anastrófica, homeoteleûtica, aliterante, assonante, e quantos palavrões mais se quiserem.

A mero título de amostragem, que se tome um verso só. Seja o primeiro do Soneto XII:

When I do count the clock that tells the time

Literalmente, seria algo como:
Quando eu conto mesmo o relógio que diz o tempo

Nessa pseudotradução, em que se perderiam, logo de início, metro e ritmo — que Ivo Barroso ousou em decassílabos, propondo-se uma enxutez de ascese, já que teorizantes lhe teriam dado a liberdade de recorrer ao expanso e lasso dodecassílabo —, perder-se-ia, em seguida, aquele "*count*" que repercute em "*clock*", que, gerando um *l*, ressoa em "*tells*", como se perderia toda uma série de dentais, oclusivas, aspiradas, surdas, sonoras: "*do*", "*count*", "*the*", "*that*", "*tells*", "*the*", "*time*", vivência do tique-taque jâmbico de um relógio. Quando se vê tudo isso (e deve-se estar vendo apenas parte do todo) e se vê a solução de Ivo Barroso — numa lição da dialética do senhor e do escravo, que impõe, sendo imposto, que subordina, subordinando-se, que escraviza, escravizando-se —, vê-se que ela atingiu o cerne da expressão shakespeariana:

Quando a hora dobra em triste e tardo toque

Aí estão, refeitos compensatoriamente, a oclusiva gutural surda ("*quando*", "*toque*"), a vibrante sucedânea da lateral original ("*hora*", "*dobra*", "*triste*", "*tardo*") e a dental, alternada em sonoras e surdas — fundamental, no verso, porque em Shakespeare como em Ivo Barroso, fonte da "harmonia imitativa" com o inglês *tick-tack* (já de 1549) e o português *tique-taque*, onomatopeico para o bater do relógio — "*quando*", "*dobra*", "*triste*", "*tardo*", "*toque*".

Após essa amostra introdutória, é como que dispensável, nestas palavrinhas prévias, ir além.

Pois, de fato, foi isso, é isso que nos dá Ivo Barroso com os seus sonetos shakespearianos, aceitando o mais desigual dos desafios, que é o do tradutor por amor — já que ele sabe que a um só original podem corresponder mil soluções e que a sua deve ser, por amor, a mais pertinente.

Quando a vida ameaça ser embrutecida por urgências desumanizadoras, é um bem dedicar algumas horas, ao longo de alguns meses, na comungação de arte-artifício-artesania tão belos como os que nos oferece Ivo Barroso com seus sonetos reinventados sobre a mais pura matéria-prima da poética universal.

Antônio Houaiss
Rio de Janeiro, 19 de junho de 1972.

Sonetos

I

From fairest creatures we desire increase,
That thereby beauty's rose might never die,
But as the riper should by time decease,
His tender heir might bear his memory:
But thou, contracted to thine own bright eyes,
Feed'st thy light's flame with self-substantial fuel,
Making a famine where abundance lies,
Thyself thy foe, to thy sweet self too cruel.
Thou that art now the world's fresh ornament
And only herald to the gaudy spring,
Within thine own bud buriest thy content
And, tender churl, mak'st waste in niggarding.
 Pity the world, or else this glutton be,
 To eat the world's due, by the grave and thee.

1

Dos seres ímpares ansiamos prole
Para que a flor do Belo não se extinga,
E se a rosa madura o Tempo colhe,
Fresco botão sua memória vinga.
Mas tu, que só com os olhos teus contrais,
Nutres o ardor com as próprias energias
Causando fome onde a abundância jaz,
Cruel rival, que o próprio ser crucias.
Tu, que do mundo és hoje o galardão,
Arauto da festiva Natureza,
Matas o teu prazer inda em botão
E, sovina, esperdiças na avareza.
   Piedade, senão ides, tu e o fundo
   Do chão, comer o que é devido ao mundo.

II

When forty winters shall besiege thy brow,
And dig deep trenches in thy beauty's field,
Thy youth's proud livery, so gaz'd on now,
Will be a tatter'd weed, of small worth held:
Then being ask'd where all thy beauty lies,
Where all the treasure of thy lusty days,
To say, within thine own deep-sunken eyes,
Were an all-eating shame and thriftless praise.
How much more praise deserv'd thy beauty's use,
If thou couldst answer, 'This fair child of mine
Shall sum my count, and make my old excuse,'
Proving his beauty by succession thine!
   This were to be new made when thou art old,
   And see thy blood warm when thou feel'st it cold.

2

Quando no assédio de quarenta invernos
Se cavarem as linhas de teu rosto,
Da juventude os teus galões supernos
Pobres andrajos se tiverem posto,
Se então te perguntarem pelo fausto
De teus dias de glória e de beleza,
Dizer que tudo jaz no olhar exausto,
Opróbrio fora, encômio sem grandeza.
Mais mérito terias nessa usança
Se pudesses dizer: "Meu filho há-de
Saldar-me a dívida, exculpar-me a idade",
Provando que a beleza é tua herança.
   Fora tornar em novo as coisas velhas
   E ver o sangue quente enquanto engelhas.

XII

When I do count the clock that tells the time,
And see the brave day sunk in hideous night;
When I behold the violet past prime,
And sable curls, all silver'd o'er with white;
When lofty trees I see barren of leaves,
Which erst from heat did canopy the herd,
And summer's green all girded up in sheaves,
Borne on the bier with white and bristly beard,
Then of thy beauty do I question make,
That thou among the wastes of time must go,
Since sweets and beauties do themselves forsake
And die as fast as they see others grow;
    And nothing 'gainst Time's scythe can make defence
    Save breed, to brave him when he takes thee hence.

12

Quando a hora dobra em triste e tardo toque
E em noite horrenda vejo escoar-se o dia,
Quando vejo esvair-se a violeta, ou que
A prata a preta têmpora assedia;
Quando vejo sem folha o tronco antigo
Que ao rebanho estendia a sombra franca
E em feixe atado agora o verde trigo
Seguir no carro, a barba hirsuta e branca;
Sobre tua beleza então questiono
Que há de sofrer do Tempo a dura prova,
Pois as graças do mundo em abandono
Morrem ao ver nascendo a graça nova.
    Contra a foice do Tempo é vão combate,
    Salvo a prole, que o enfrenta se te abate.

XIV

Not from the stars do I my judgment pluck;
And yet methinks I have astronomy,
But not to tell of good or evil luck,
Of plagues, of dearths, or seasons' quality;
Nor can I fortune to brief minutes tell,
Pointing to each his thunder, rain, and wind,
Or say with princes if it shall go well,
By oft predict that I in heaven find:
But from thine eyes my knowledge I derive,
And, constant stars, in them I read such art
As 'Truth and beauty shall together thrive,
If from thyself to store thou wouldst convert;'
   Or else of thee this I prognosticate:
   'Thy end is truth's and beauty's doom and date.'

14

Dos astros não retiro entendimento
Embora eu tenha cá de astronomia,
Mas não para prever a sorte, o intento
Das estações, ou fome, epidemia;
Nem sei dizer o que será do instante,
Prever a alguém quer chuva, ou vento, ou raio;
Se tudo há-de sorrir ao governante
Segundo as predições que aos céus extraio.
De teus olhos provêm meus atributos
E, astros constantes, leio ali tal arte:
"Que a verdade e a beleza darão frutos
Se em ti deixas de tanto reservar-te";
   Ou um vaticínio sobre ti revelo:
   "Teu fim põe termo ao verdadeiro e ao belo."

XV

When I consider every thing that grows
Holds in perfection but a little moment,
That this huge stage presenteth nought but shows
Whereon the stars in secret influence comment;
When I perceive that men as plants increase,
Cheered and check'd e'en by the self-same sky,
Vaunt in their youthful sap, at height decrease,
And wear their brave state out of memory;
Then the conceit of this inconstant stay
Sets you most rich in youth before my sight,
Where wasteful Time debateth with Decay,
To change your day of youth to sullied night;
    And, all in war with Time for love of you,
    As he takes from you, I engraft you new.

15

Quando observo que tudo quanto cresce
Desfruta a perfeição de um só momento,
Que neste palco imenso se obedece
À secreta influição do firmamento;
Quando percebo que ao homem, como à planta,
Esmaga o mesmo céu que lhe deu glória,
Que se ergue em seiva e, no ápice, aquebranta
E um dia enfim se apaga da memória:
Esse conceito da inconstante sina
Mais jovem faz-te ao meu olhar agora,
Quando o Tempo se alia com a Ruína
Para tornar em noite a tua aurora.
   E crua guerra contra o Tempo enfrento,
   Pois tudo que te toma eu te acrescento.

XVII

Who will believe my verse in time to come,
If it were fill'd with your most high deserts?
Though yet, heaven knows, it is but as a tomb
Which hides your life and shows not half your parts.
If I could write the beauty of your eyes
And in fresh numbers number all your graces,
The age to come would say, 'This poet lies;
Such heavenly touches ne'er touch'd earthly faces.'
So should my papers, yellow'd with their age,
Be scorn'd, like old men of less truth than tongue,
And your true rights be term'd a poet's rage
And stretched metre of an antique song:
    But were some child of yours alive that time,
    You should live twice, — in it and in my rime.

17

Um dia crer nos versos meus quem há-de
Se eu neles derramar teus dons mais puros?
No entanto sabe o céu que eles são muros
Que a tua vida ocultam por metade.
Dissera o que de teu olhar emana,
Teus dons em nova métrica medira,
Que acharia o porvir então: "Mentira!
Tais tratos não retratam face humana."
Que mofem pois deste papel fanado
Qual de velhos loquazes, e a teu ente
Chamem de pura exaltação da mente
E a meu verso exageros do passado.
    Mas se chegar a tua estirpe a tanto,
    Em dobro hás-de viver: nela e em meu canto.

XVIII

Shall I compare thee to a summer's day?
Thou art more lovely and more temperate:
Rough winds do shake the darling buds of May,
And summer's lease hath all too short a date:
Sometime too hot the eye of heaven shines,
And often is his gold complexion dimm'd:
And every fair from fair sometime declines,
By chance, or nature's changing course untrimm'd;
But thy eternal summer shall not fade,
Nor lose possession of that fair thou ow'st,
Nor shall death brag thou wander'st in his shade,
When in eternal lines to time thou grow'st;
    So long as men can breathe, or eyes can see,
    So long lives this, and this gives life to thee.

18

Devo igualar-te a um dia de verão?
Mais afável e belo é o teu semblante:
O vento esfolha Maio inda em botão,
Dura o termo estival um breve instante.
Muitas vezes a luz do céu calcina,
Mas o áureo tom também perde a clareza:
De seu belo a beleza enfim declina,
Ao léu ou pelas leis da Natureza.
Só teu verão eterno não se acaba
Nem a posse de tua formosura;
De impor-te a sombra a Morte não se gaba
Pois que esta estrofe eterna ao Tempo dura.
   Enquanto houver viventes nesta lida,
   Há-de viver meu verso e te dar vida.

XIX

Devouring Time, blunt thou the lion's paws,
And make the earth devour her own sweet brood;
Pluck the keen teeth from the fierce tiger's jaws,
And burn the long-liv'd phœnix in her blood;
Make glad and sorry seasons as thou fleets,
And do whate'er thou wilt, swift-footed Time,
To the wide world and all her fading sweets;
But I forbid thee one most heinous crime:
O! carve not with thy hours my love's fair brow,
Nor draw no lines there with thine antique pen;
Him in thy course untainted do allow
For beauty's pattern to succeeding men.
   Yet, do thy worst, old Time: despite thy wrong,
   My love shall in my verse ever live young.

19

Tempo voraz, ao leão cegas as garras
E à terra fazes devorar seus genes;
Ao tigre as presas hórridas desgarras
E ardes no próprio sangue a eterna fênix.
Pelo caminho vão teus pés ligeiros
Alegres, tristes estações deixando;
Impões-te ao mundo e aos gozos passageiros,
Mas proíbo-te um crime mais nefando:
De meu amor não vinques o semblante
Nem nele imprimas o teu traço duro.
Oh! permite que intacto siga avante
Como padrão do belo no futuro.
    Ou antes, velho Tempo, sê perverso:
    Pois jovem sempre há-de o manter meu verso.

XXII

My glass shall not persuade me I am old,
So long as youth and thou are of one date;
But when in thee time's furrows I behold,
Then look I death my days should expiate.
For all that beauty that doth cover thee
Is but the seemly raiment of my heart,
Which in thy breast doth live, as thine in me:
How can I then, be elder than thou art?
O! therefore, love, be of thyself so wary
As I, not for myself, but for thee will;
Bearing thy heart, which I will keep so chary
As tender nurse her babe from faring ill.
    Presume not on thy heart when mine is slain;
    Thou gav'st me thine, not to give back again.

22

O espelho não me prova que envelheço
Enquanto andares par com a mocidade;
Mas se de rugas vir teu rosto impresso,
Já sei que a Morte a minha vida invade.
Pois toda essa beleza que te veste
Vem de meu coração, que é teu espelho;
O meu vive em teu peito, e o teu me deste:
Por isso como posso ser mais velho?
Portanto, amor, tenhas de ti cuidado
Que eu, não por mim, antes por ti, terei;
Levar teu coração, tão desvelado
Qual ama guarda o doce infante, eu hei.
    E nem penses em volta, morto o meu,
    Pois para sempre é que me deste o teu.

XXIII

As an unperfect actor on the stage,
Who with his fear is put besides his part,
Or some fierce thing replete with too much rage,
Whose strength's abundance weakens his own heart;
So I, for fear of trust, forget to say
The perfect ceremony of love's rite,
And in mine own love's strength seem to decay,
O'ercharg'd with burden of mine own love's might.
O! let my books be then the eloquence
And dumb presagers of my speaking breast,
Who plead for love, and look for recompense,
More than that tongue that more hath more express'd.
   O! learn to read what silent love hath writ:
   To hear with eyes belongs to love's fine wit.

23

Como imperfeito ator que em meio à cena
O seu papel na indecisão recita,
Ou como o ser violento em fúria plena
A que o excesso de forças debilita;
Também eu, sem confiança em mim, me esqueço
No amor de os ritos próprios recitar,
E na força com que amo me enfraqueço
Rendido ao peso do poder de amar.
Oh! sejam pois meus livros a eloquência,
Áugures mudos do expressivo peito,
Que amor implorem, peçam recompensa,
Mais do que a voz que muito mais tem feito.
   Saibas ler o que o mudo amor escreve,
   Que o fino amor ouvir com os olhos deve.

XXIV

Mine eye hath play'd the painter and hath stell'd
Thy beauty's form in table of my heart;
My body is the frame wherein 'tis held,
And perspective it is best painter's art.
For through the painter must you see his skill,
To find where your true image pictur'd lies,
Which in my bosom's shop is hanging still,
That hath his windows glazed with thine eyes.
Now see what good turns eyes for eyes have done:
Mine eyes have drawn thy shape, and thine for me
Are windows to my breast where-through the sun
Delights to peep, to gaze therein on thee;
   Yet eyes this cunning want to grace their art,
   They draw but what they see, know not the heart.

24

Meus olhos, qual pintor, tua beleza
Retrataram no escrínio de meu peito;
Meu corpo é a moldura em que está presa:
Na arte da perspectiva fui perfeito.
Pois através do artista diligente
Vês onde jaz a tua imagem fina:
Na loja de meu peito está pendente
E teus olhos reluzem na vitrina.
Uma troca de olhares que bem faz:
Meus olhos te pintaram, são os teus
Janelas de meu peito onde se apraz
O sol a te espreitar nos antros meus.
   Mas os olhos têm sua restrição:
   Pintam o que veem, não o coração.

XXVII

Weary with toil, I haste me to my bed,
The dear repose for limbs with travel tired;
But then begins a journey in my head
To work my mind, when body's work's expir'd:
For then my thoughts — from far where I abide —
Intend a zealous pilgrimage to thee,
And keep my drooping eyelids open wide,
Looking on darkness which the blind do see:
Save that my soul's imaginary sight
Presents thy shadow to my sightless view,
Which, like a jewel hung in ghastly night,
Makes black night beauteous and her old face new.
    Lo! thus, by day my limbs, by night my mind,
    For thee, and for myself no quiet find.

27

Lanço-me ao leito, exausto da fadiga,
Repousa o corpo ao fim da caminhada;
Mais eis que a outra jornada a mente obriga
Quando é do corpo a obrigação passada.
A ti meu pensamento — na distância —
Em santa romaria então me leva,
E fico, as frouxas pálpebras em ânsia,
Olhando, como os cegos veem na treva.
E a vista de minh'alma ali desvenda
Aos olhos sem visão tua figura,
Que igual a joia erguida em noite horrenda,
Renova a velha face à noite escura.
   Ai! que de dia o corpo, à noite a alma,
   Por tua e minha culpa não têm calma.

XXVIII

How can I then return in happy plight,
That am debarr'd the benefit of rest?
When day's oppression is not eas'd by night,
But day by night, and night by day oppress'd,
And each, though enemies to either's reign,
Do in consent shake hands to torture me,
The one by toil, the other to complain
How far I toil, still further off from thee.
I tell the day, to please him thou art bright
And dost him grace when clouds do blot the heaven:
So flatter I the swart-complexion'd night;
When sparkling stars twire not thou gild'st the even.
    But day doth daily draw my sorrows longer,
    And night doth nightly make grief's strength seem stronger.

28

Como hei de restaurar-me na bonança
Se órfão da graça do repouso vi-me,
Pois a opressão do dia a noite alcança,
Da noite o dia, e dia e noite oprime;
Que ambos, embora em natureza opostos,
Deram-se as mãos para me dar tortura:
Um dá-me a dura pena, outro desgostos,
Que este penar longe de ti mais dura.
Digo que és luz para agradar ao dia,
E, se há nuvens, que podes removê-las;
Louvo também da noite a tez sombria:
Douras o céu se não houver estrelas.
    Mas cada dia, o dia a dor aumenta
    E cada noite, a noite inda a acrescenta.

XXIX

When in disgrace with fortune and men's eyes
I all alone beweep my outcast state,
And trouble deaf heaven with my bootless cries,
And look upon myself, and curse my fate,
Wishing me like to one more rich in hope,
Featur'd like him, like him with friends possess'd,
Desiring this man's art, and that man's scope,
With what I most enjoy contented least;
Yet in these thoughts myself almost despising,
Haply I think on thee, — and then my state,
Like to the lark at break of day arising
From sullen earth, sings hymns at heaven's gate;
   For thy sweet love remember'd such wealth brings
   That then I scorn to change my state with kings.

29

Se, órfão do olhar humano e da fortuna,
Choro na solidão meu pobre estado
E o céu meu pranto inútil importuna,
Eu entro em mim a maldizer meu fado;
Sonho-me alguém mais rico de esperança,
Quero feições e amigos mais amenos,
Deste o pendor, a meta que outro alcança,
Do que mais amo contentado o menos.
Mas, se nesse pensar, que me magoa,
De ti me lembro acaso — o meu destino,
Qual cotovia na alvorada entoa
Da negra terra aos longes céus um hino.
    E na riqueza desse amor que evoco,
    Já minha sorte com a dos reis não troco.

XXX

When to the sessions of sweet silent thought
I summon up remembrance of things past,
I sigh the lack of many a thing I sought,
And with old woes new wail my dear times' waste:
Then can I drown an eye, unus'd to flow,
For precious friends hid in death's dateless night,
And weep afresh love's long since cancell'd woe,
And moan the expense of many a vanish'd sight:
Then can I grieve at grievances foregone,
And heavily from woe to woe tell o'er
The sad account of fore-bemoaned moan,
Which I new pay as if not paid before.
    But if the while I think on thee, dear friend,
    All losses are restor'd and sorrows end.

30

Quando às sessões do mudo pensamento
Convoco as remembranças do passado,
Sentindo a ausência do que amei, lamento
Com velhos ais, de novo, o tempo amado;
E, avesso ao pranto, os olhos meus inundo
Por amigos que esconde a noite avara:
Penas de amor que já paguei refundo;
Choro o perder de tanta imagem cara.
E me infligindo uma aflição sofrida,
De pesar em pesar repeso agora
O balanço da dor adormecida
Como se o saldo não saldado fora.
   Mas se então penso em ti nesse ínterim,
   Restauro toda a pena e a dor tem fim.

XXXIV

Why didst thou promise such a beauteous day,
And make me travel forth without my cloak,
To let base clouds o'ertake me in my way,
Hiding thy bravery in their rotten smoke?
'Tis not enough that through the cloud thou break,
To dry the rain on my storm-beaten face,
For no man well of such a salve can speak
That heals the wound and cures not the disgrace:
Nor can thy shame give physic to my grief;
Though thou repent, yet I have still the loss:
The offender's sorrow lends but weak relief
To him that bears the strong offence's cross.
    Ah! but those tears are pearl which thy love sheds,
    And they are rich and ransom all ill deeds.

34

Por que me prometeste um belo dia
Fazendo-me viajar sem agasalho,
Se havia nuvens a encobrir a via
E a ocultar teu fulgor o céu grisalho?
Não basta, abrindo as nuvens, te condoas
Para secar de minha face a agrura,
Pois ninguém ao remédio tece loas
Que trata a chaga mas o mal não cura.
Teu remorso não sara o meu tormento,
Pois te arrependes, mas o mal se adensa.
O pesar do culpado é fraco unguento
Àquele que suporta a forte ofensa.
   Mas se de amor as lágrimas desatam,
   — Pérolas ricas — todo o mal resgatam.

XXXV

No more be griev'd at that which thou hast done:
Roses have thorns, and silver fountains mud;
Clouds and eclipses stain both moon and sun,
And loathsome canker lives in sweetest bud.
All men make faults, and even I in this,
Authorising thy trespass with compare,
Myself corrupting, salving thy amiss,
Excusing thy sins more than thy sins are;
For to thy sensual fault I bring in sense, —
Thy adverse party is thy advocate,—
And 'gainst myself a lawful plea commence:
Such civil war is in my love and hate,
   That I an accessary needs must be
   To that sweet thief which sourly robs from me.

35

Não te aflijas por tudo o que fizeste:
As rosas têm espinho; a fonte, lama;
Nuvens toldam o sol no azul celeste
E o verme habita na florida rama.
Os homens todos erram, também eu
Por ter as tuas faltas aprovado
E corromper-me no erro que era o teu:
Mais pecado é perdoar o teu pecado.
Da falta sensual o sem sentido
É que a parte contrária é o defensor
E vejo-me num pleito dividido
Nessa guerra civil de ódio e de amor
    E num cúmplice acabo me tornando
    Do bom ladrão que, mau, me está roubando.

XXXVII

As a decrepit father takes delight
To see his active child do deeds of youth,
So I, made lame by fortune's dearest spite,
Take all my comfort of thy worth and truth;
For whether beauty, birth, or wealth, or wit,
Or any of these all, or all, or more,
Entitled in thy parts do crowned sit,
I make my love engrafted to this store:
So then I am not lame, poor, nor despis'd,
Whilst that this shadow doth such substance give
That I in thy abundance am suffic'd
And by a part of all thy glory live.
    Look what is best, that best I wish in thee:
    This wish I have; then ten times happy me!

37

Como o pai que decrépito se alegra
De ver o filho agir em juventude,
Eu, feito inútil pela sorte negra,
Vibro com teu valor, tua virtude.
Pois se a beleza, o berço, a aura, o ouro,
Ou algo disso, ou mais, ou tudo junto,
Vejo de dons coroar o teu tesouro,
Engasto o meu amor nesse conjunto.
Já não sou pobre, inútil, desprezado
Estando à tua sombra nutritiva,
Pois em tua abundância o meu legado
Parte é de tua glória que me aviva.
   Busca o melhor que não terás revezes;
   Que ao desejá-lo sou feliz dez vezes.

XL

Take all my loves, my love, yea, take them all;
What hast thou then more than thou hadst before?
No love, my love, that thou mayst true love call;
All mine was thine before thou hadst this more
Then, if for my love thou my love receivest,
I cannot blame thee for my love thou usest;
But yet be blam'd, if thou thyself deceivest
By wilful taste of what thyself refusest.
I do forgive thy robbery, gentle thief,
Although thou steal thee all my poverty;
And yet, love knows it is a greater grief
To bear love's wrong than hate's known injury.
    Lascivious grace, in whom all ill well shows,
    Kill me with spites; yet we must not be foes.

40

Leva-me, amor, todos os meus amores:
Que tens agora a mais que não te déssemos?
Nenhum sincero amor, amor, que apores
Ao quanto era já teu sem tais acréscimos.
E se é por meu amor que o amor me raptas,
Não te posso culpar se dele abusas;
Todavia te culpo se te adaptas
Só por capricho ao que em geral recusas.
Gentil ladrão, eu te perdoo a ofensa,
Pois roubaste de ti minha penúria,
Que sempre soube o amor ser dor mais densa
Sofrer seus erros que do ódio a injúria.
    Lasciva graça, que faz bem do mal;
    Morro de teu desdém, não teu rival.

XLII

That thou hast her, it is not all my grief,
And yet it may be said I lov'd her dearly;
That she hath thee, is of my wailing chief,
A loss in love that touches me more nearly.
Loving offenders, thus I will excuse ye:
Thou dost love her, because thou know'st I love her;
And for my sake even so doth she abuse me,
Suffering my friend for my sake to approve her.
If I lose thee, my loss is my love's gain,
And losing her, my friend hath found that loss;
Both find each other, and I lose both twain,
And both for my sake lay on me this cross:
    But here's the joy; my friend and I are one;
    Sweet flattery! then she loves but me alone.

42

Que a tenhas não é todo o meu tormento,
E diga-se que a amei de amor profundo;
Mas ela ter-te é a mágoa que lamento,
Perda de amor que toca no mais fundo.
Mas vos perdoo, amáveis ofensores:
Amaste-a por saberes quanto a amo;
E ela me trai, te dando os seus favores,
Em nome deste amor que te proclamo.
Se te perder, ganho no amor depois;
Mas se a perder, o ganho é teu pois ficam
Um ao lado do outro e perco os dois:
Por minha causa ambos me crucificam.
   Mas por sermos tu e eu um só, me inflama
   Pensar que a mim somente é que ela ama.

XLIV

If the dull substance of my flesh were thought,
Injurious distance should not stop my way;
For then, despite of space, I would be brought,
From limits far remote, where thou dost stay.
No matter then although my foot did stand
Upon the furthest earth remov'd from thee;
For nimble thought can jump both sea and land,
As soon as think the place where he would be.
But, ah! thought kills me that I am not thought,
To leap large lengths of miles when thou art gone,
But that, so much of earth and water wrought,
I must attend time's leisure with my moan;
    Receiving nought by elements so slow
    But heavy tears, badges of either's woe.

44

Se a rude carne fora pensamento,
A distância infamante não vingara,
Pois vencendo os espaços, num momento,
Na amplidão mais remota te encontrara;
Pouco importava então meu passo fora
Longe de ti nas vastidões da esfera,
Que o pensamento terra e mar devora
Só de pensar onde chegar quisera.
Mortal pensar que não sou pensamento,
Para saltar as léguas de onde andares;
Mas sendo de água e argila me atormento
A queixar-me do Tempo e seus vagares:
    Que os tardos elementos me condenam
    Às lágrimas, emblemas do que penam.

XLVI

Mine eye and heart are at a mortal war,
How to divide the conquest of thy sight;
Mine eye my heart thy picture's sight would bar,
My heart mine eye the freedom of that right.
My heart doth plead that thou in him dost lie,—
A closet never pierc'd with crystal eyes,—
But the defendant doth that plea deny,
And says in him thy fair appearance lies.
To 'cide this title is impannelled
A quest of thoughts, all tenants to the heart;
And by their verdict is determined
The clear eye's moiety and the dear heart's part:
   As thus; mine eye's due is thine outward part,
   And my heart's right thine inward love of heart.

46

O olhar e o coração em mortal guerra
Estão para a conquista de tua imagem;
O olhar, ao coração a vista emperra,
O coração faz ao olhar barragem.
Meu coração quer ver-te nele preso —
Abrigo impenetrável a qualquer vista —
Porém o contendor se diz surpreso
E quer que nele é que teu vulto exista.
Convocam-se a julgar o meu conflito
Pensamentos leais ao coração,
Que determinam como veredito
Que cada qual terá sua porção:
    Assim, ao meu olhar o exterior
    E ao coração internamente o amor.

LII

So am I as the rich, whose blessed key
Can bring him to his sweet up-locked treasure,
The which he will not every hour survey,
For blunting the fine point of seldom pleasure.
Therefore are feasts so solemn and so rare,
Since, seldom coming, in the long year set,
Like stones of worth they thinly placed are,
Or captain jewels in the carconet.
So is the time that keeps you as my chest,
Or as the wardrobe which the robe doth hide,
To make some special instant special blest
By new unfolding his imprison'd pride.
   Blessed are you, whose worthiness gives scope,
   Being had, to triumph; being lack'd, to hope.

52

Como esse rico sou a quem bendita
Chave conduz ao seu tesouro avaro,
Mas onde pouco vai, e assim evita
Cegar o gume de um prazer tão raro.
Pois a festa mais grata e mais solene,
Espaçada no tempo é que pontilha,
Como essa joia de valor perene
Que é a pedra capital da gargantilha.
Assim o tempo oculta meu tesouro
Como a veste no guarda-roupa à espera
De fazer de um instante instante de ouro
Ao revelar a pompa que encarcera.
    Louve-se quem um tal valor alcança:
    Presente, és triunfo; ausente, és esperança.

LV

Not marble, nor the gilded monuments
Of princes, shall outlive this powerful rime;
But you shall shine more bright in these contents
Than unswept stone, besmear'd with sluttish time.
When wasteful war shall statues overturn,
And broils root out the work of masonry,
Nor Mars his sword nor war's quick fire shall burn
The living record of your memory.
'Gainst death and all-oblivious enmity
Shall you pace forth; your praise shall still find room
Even in the eyes of all posterity
That wear this world out to the ending doom.
    So, till the judgment that yourself arise,
      You live in this, and dwell in lovers' eyes.

55

Nem mármore, nem áureos monumentos
De reis hão de durar mais que esta rima,
E sempre hás de brilhar nestes acentos
Do que na pedra, pois o tempo a lima.
Pode a estátua na guerra ser tombada
E a cantaria o vil motim destrua;
Nem fogo ou Marte apagará com a espada
Vivo registro da memória tua.
Há de seguir teu passo sobranceiro
Vencendo a Morte e as legiões do olvido,
E os pósteros, no juízo derradeiro,
Hão de a este louvor prestar ouvido.
    Pois até a sentença que levantes,
    Vives aqui e no lábio dos amantes.

LX

Like as the waves make towards the pebbled shore,
So do our minutes hasten to their end;
Each changing place with that which goes before,
In sequent toil all forwards do contend.
Nativity, once in the main of light,
Crawls to maturity, wherewith being crown'd,
Crooked eclipses 'gainst his glory fight,
And Time that gave doth now his gift confound.
Time doth transfix the flourish set on youth
And delves the parallels in beauty's brow,
Feeds on the rarities of nature's truth,
And nothing stands but for his scythe to mow:
    And yet to times in hope my verse shall stand,
    Praising thy worth, despite his cruel hand.

60

Quais ondas rumo aos seixos de uma praia,
Nossos minutos correm para o fim,
Cada qual sucedendo ao que desmaia,
Lutando por chegar mais longe enfim.
O nascimento, luminoso instante,
Para a maturidade avança herói;
Eclipses frustram sua glória adiante
E o Tempo que o gerou ora o destrói.
Trespassa o Tempo o ardor da juventude,
Enruga a face da beleza opima;
Nutre-se do que é raro em plenitude,
Nada lhe escapa à foice que dizima.
    Mas meus versos esperam no papel,
    Louvando-te, vencer a mão cruel.

LXIV

When I have seen by Time's fell hand defac'd
The rich-proud cost of outworn buried age;
When sometime lofty towers I see down-raz'd,
And brass eternal slave to mortal rage;
When I have seen the hungry ocean gain
Advantage on the kingdom of the shore,
And the firm soil win of the watery main,
Increasing store with loss, and loss with store;
When I have seen such interchange of state,
Or state itself confounded to decay;
Ruin has taught me thus to ruminate —
That Time will come and take my love away.
    This thought is as a death, which cannot choose
    But weep to have that which it fears to lose.

64

Ao ver que a mão do tempo desfigura
As pompas de um passado imemorial,
Altivas torres a tombar, da altura,
E o bronze eterno escravo à ira mortal;
Quando vejo o faminto oceano arcar
Vantagem sobre o reino litorâneo
Ou vejo a terra firme encher o mar
Crescendo ganho em perda e perda em ganho;
Quando vejo de estados o alterar
E o próprio estado vir-se a descompor,
A ruína me leva a ruminar
Que o Tempo há de levar o meu amor.
    Morte é pensar que só posso escolher
    Chorar por ter a quem temo perder.

LXV

Since brass, nor stone, nor earth, nor boundless sea,
But sad mortality o'ersways their power,
How with this rage shall beauty hold a plea,
Whose action is no stronger than a flower?
O! how shall summer's honey breath hold out
Against the wrackful siege of battering days,
When rocks impregnable are not so stout,
Nor gates of steel so strong, but Time decays?
O fearful meditation! where, alack,
Shall Time's best jewell from Time's chest lie hid?
Or what strong hand can hold his swift foot back?
Or who his spoil of beauty can forbid?
    O! none, unless this miracle have might,
    That in black ink my love may still shine bright.

65

Se ao bronze, à pedra, ao solo, ao mar ingente,
Lhes vem a Morte o seu poder impor,
Como a beleza lhe faria frente
Se não possui mais forças que uma flor?
Com um hálito de mel pode o verão
Vencer o assédio pertinaz dos dias,
Quando infensas ao Tempo nem serão
As portas de aço e as ínvias penedias?
Atroz meditação! como esconder
Da arca do Tempo a joia preferida?
Que mão lhe pode os ágeis pés deter?
Quem não lhe sofre o espólio nesta vida?
    Nada! a não ser que a graça se consinta
    De que viva este amor na negra tinta.

LXVI

Tir'd with all these, for restful death I cry
As to behold desert a beggar born,
And needy nothing trimm'd in jollity,
And purest faith unhappily forsworn,
And gilded honour shamefully misplac'd,
And maiden virtue rudely strumpeted,
And right perfection wrongfully disgraced,
And strength by limping sway disabled,
And art made tongue-tied by authority,
And folly — doctor-like — controlling skill,
And simple truth miscall'd simplicity,
And captive good attending captain ill:
    Tir'd with all these, from these would I be gone,
    Save that, to die, I leave my love alone.

66

Farto de tudo, a paz da morte imploro
Para não ver no mérito um pedinte,
E o nulo se ostentando sem decoro,
E a fé mais pura em degradado acinte,
E a honra, que era de ouro, regredida,
E a virtude das virgens violada,
E a reta perfeição ser retorcida,
E a força pelo fraco subjugada,
E a prepotência amordaçando a arte,
E impondo regra o tolo doutoral,
E a verdade singela posta à parte,
E o bem cativo estar do ativo mal:
    Farto de tudo, a morte é o bom caminho,
    Mas, morto, deixo o meu amor sozinho.

LXXI

No longer mourn for me when I am dead
Than you shall hear the surly sullen bell
Give warning to the world that I am fled
From this vile world, with vilest worms to dwell:
Nay, if you read this line, remember not
The hand that writ it; for I love you so,
That I in your sweet thoughts would be forgot,
If thinking on me then should make you woe.
O! if, — I say, you look upon this verse,
When I perhaps compounded am with clay,
Do not so much as my poor name rehearse,
But let your love even with my life decay;
    Lest the wise world should look into your moan,
    And mock you with me after I am gone.

71

Não lamentes por mim quando eu morrer
Senão enquanto o surdo sino diz
Ao mundo vil que o deixo e vou viver
Em meio aos vermes que inda são mais vis.
Nem te recorde o verso comovido
A mão que o escreveu, pois te amo tanto
Que antes achar em tua mente olvido
Que ser lembrado e te causar o pranto.
Ah! peço-te que ao leres esta queixa
Quando for minha carne consumida,
Não te refiras ao meu nome e deixa
Que morra o teu amor com minha vida.
    Não veja o mundo e zombe desta dor
    Por minha causa, quando morto eu for.

LXXIII

That time of year thou mayst in me behold
When yellow leaves, or none, or few, do hang
Upon those boughs which shake against the cold,
Bare ruin'd choirs, where late the sweet birds sang.
In me thou see'st the twilight of such day
As after sunset fadeth in the west;
Which by and by black night doth take away,
Death's second self, that seals up all in rest.
In me thou see'st the glowing of such fire,
That on the ashes of his youth doth lie,
As the death-bed whereon it must expire
Consum'd with that which it was nourish'd by.
   This thou perceiv'st, which makes thy love more strong,
   To love that well which thou must leave ere long.

73

Em mim tu podes ver a quadra fria
Em que as folhas, já poucas ou nenhumas,
Pendem do ramo trêmulo onde havia
Outrora ninhos e gorjeio e plumas.
Em mim contemplas essa luz que apaga
Quando no poente o dia se faz mudo
E pouco a pouco a negra noite o traga,
Gêmea da morte, que cancela tudo.
Em mim tu sentes resplender o fogo
Que ardia sob as cinzas do passado
E num leito de morte expira logo
Do quanto que o nutriu ora esgotado.
    Sabê-lo faz o teu amor mais forte
    Por quem em breve há de levar a morte.

LXXVI

Why is my verse so barren of new pride,
So far from variation or quick change?
Why with the time do I not glance aside
To new-found methods and to compounds strange?
Why write I still all one, ever the same,
And keep invention in a noted weed,
That every word doth almost tell my name,
Showing their birth, and where they did proceed?
O! know, sweet love, I always write of you,
And you and love are still my argument;
So all my best is dressing old words new,
Spending again what is already spent:
    For as the sun is daily new and old,
    So is my love still telling what is told.

76

Por que meu verso é nu de novas galas,
Alheio a variações, bruscas mudanças;
Por que com o tempo não pude enxergá-las,
Novas modas, e métodos, e nuanças?
Porque eu escrevo sempre igual, e dou-me
De expressar sempre o velho galanteio,
Que cada verso quase diz meu nome,
Revelando seu berço e donde veio?
Ó doce amor, é sobre ti que escrevo,
Tu e o amor meu repertório vasto;
A velhas frases dou novo relevo
Para gastar de novo o que foi gasto:
    Pois como o sol é sempre novo e antigo
    Meu amor te rediz o que eu te digo.

LXXIX

Whilst I alone did call upon thy aid,
My verse alone had all thy gentle grace;
But now my gracious numbers are decay'd,
And my sick muse doth give another place.
I grant, sweet love, thy lovely argument
Deserves the travail of a worthier pen;
Yet what of thee thy poet doth invent
He robs thee of, and pays it thee again.
He lends thee virtue, and he stole that word
From thy behavior; beauty doth he give,
And found it in thy cheek; he can afford
No praise to thee but what in thee doth live.
    Then thank him not for that which he doth say,
    Since what he owes thee thou thyself dost pay.

79

Enquanto só, roguei teu patrocínio,
Só meu verso gozou de tua graça,
Mas hoje desgraciado entro em declínio
E a pobre Musa a um outro cede a praça.
Confesso, amor, que teu amável tema
Pede uma pena de maior talento,
Mas tudo quanto esse teu poeta extrema
Rouba de ti ao dar-te em pagamento.
Se te empresta virtude é que encontrou-a
Em teu caráter; se te dá beleza,
Ela estava em teu rosto: o que ele entoa
Não é louvor, que o tens por natureza.
    Não lhe agradeças por menção tão leve,
    Pois pagas a ti mesmo o que ele deve.

LXXXI

Or I shall live your epitaph to make,
Or you survive when I in earth am rotten;
From hence your memory death cannot take,
Although in me each part will be forgotten.
Your name from hence immortal life shall have,
Though I, once gone, to all the world must die:
The earth can yield me but a common grave,
When you entombed in men's eyes shall lie.
Your monument shall be my gentle verse,
Which eyes not yet created shall o'er-read;
And tongues to be your being shall rehearse,
When all the breathers of this world are dead;
    You still shall live, — such virtue hath my pen,—
    Where breath most breathes, — even in the mouths of men.

81

Ou ficarei para o epitáfio dar-te
Ou viverás quando já podre eu for;
De mim se esquecerão de cada parte
Mas não apaga a morte o teu louvor.
Teu nome há de seguir na eternidade
Enquanto o meu há de morrer comigo;
A terra à cova rasa me degrade
Quando os louvores serão teu jazigo.
Meus versos hão de ser teu monumento
Servindo aos olhos do porvir leitura
E às línguas do futuro de instrumento
Quando os de hoje tiverem sepultura.
    Hás de viver — na pena em que te ufano
    Enquanto hálito houver no peito humano.

XCI

Some glory in their birth, some in their skill,
Some in their wealth, some in their body's force;
Some in their garments, though new-fangled ill;
Some in their hawks and hounds, some in their horse;
And every humour hath his adjunct pleasure,
Wherein it finds a joy above the rest:
But these particulars are not my measure;
All these I better in one general best.
Thy love is better than high birth to me,
Richer than wealth, prouder than garments' cost,
Of more delight than hawks or horses be;
And having thee, of all men's pride I boast:
    Wretched in this alone, that thou mayst take
    All this away, and me most wretched make.

91

Uns se orgulham do berço, ou do talento;
Outros da força física, ou dos bens;
Alguns da feia moda do momento;
Outros dos cães de caça, ou palafréns.
Cada gosto um prazer traz na acolhida,
Uma alegria de virtudes plenas;
Tais minúcias não são minha medida.
Supero a todos com uma só apenas.
Mais do que o berço o teu amor me é caro,
Mais rico que a fortuna, e a moda em uso,
Mais me apraz que os corcéis, ou cães de faro,
E tendo-te, do orgulho humano abuso.
   O infortúnio seria apenas este:
   Tirar de mim o bem que tu me deste.

XCVIII

From you have I been absent in the spring,
When proud-pied April, dress'd in all his trim,
Hath put a spirit of youth in every thing,
That heavy Saturn laugh'd and leap'd with him.
Yet nor the lays of birds, nor the sweet smell
Of different flowers in odour and in hue,
Could make me any summer's story tell,
Or from their proud lap pluck them where they grew:
Nor did I wonder at the lily's white,
Nor praise the deep vermilion in the rose;
They were but sweet, but figures of delight,
Drawn after you, you pattern of all those.
    Yet seem'd it winter still, and, you away,
    As with your shadow I with these did play.

98

Ausente andei de ti na primavera,
Quando o festivo Abril mais se atavia,
E em tudo um'alma juvenil pusera
Que até Saturno saltitava e ria.
Mas nem gorjeios d'aves, nem fragrância
De flores várias em matiz e odores,
Moveram-me a compor alegre estância
Ou a colher, do seio altivo, as flores.
Nem me tocou a palidez do lírio,
Nem celebrei o vermelhão da rosa;
Eram não mais que imagens de um empíreo
Calcado em ti, padrão de toda cousa.
   Inverno pareceu-me aquela alfombra,
   E me pus a brincar com tua sombra.

C

Where art thou, Muse, that thou forget'st so long
To speak of that which gives thee all thy might?
Spend'st thou thy fury on some worthless song,
Darkening thy power to lend base subjects light?
Return, forgetful Muse, and straight redeem
In gentle numbers time so idly spent;
Sing to the ear that doth thy lays esteem
And gives thy pen both skill and argument.
Rise, resty Muse, my love's sweet face survey,
If Time have any wrinkle graven there;
If any, be a satire to decay,
And make Time's spoils despised every where.
    Give my love fame faster than Time wastes life;
    So thou prevent'st his scythe and crooked knife.

100

Onde estás, Musa, que esqueceste há tanto
De falar do vigor que te bendiz;
Ardor esbanjas em inútil canto
E te apagas, luzindo assuntos vis.
Volta, Musa esquecida, e que redimas
Com versos gráceis o perdido alento.
Cantes a quem se apraz com tuas rimas
E infunde à tua pena arte e talento.
De pé, Musa indolente, e ruga indina
Vê se o Tempo imprimiu à face amada;
Se houver, torna com sátira a rapina
Do Tempo em toda parte desprezada.
    Dá fama ao meu amor e bem depressa,
    Que a ação do Tempo e sua foice impeça.

CVI

When in the chronicle of wasted time
I see descriptions of the fairest wights,
And beauty making beautiful old rime,
In praise of ladies dead and lovely knights,
Then, in the blazon of sweet beauty's best,
Of hand, of foot, of lip, of eye, of brow,
I see their antique pen would have express'd
Even such a beauty as you master now.
So all their praises are but prophecies
Of this our time, all you prefiguring;
And, for they look'd but with divining eyes,
They had not skill enough your worth to sing:
    For we, which now behold these present days,
    Have eyes to wonder, but lack tongues to praise.

106

Quando vejo nas crônicas antigas
A descrição dos seres mais perfeitos,
E o belo a embelezar velhas cantigas
Em honra à dama e aos paladins eleitos,
No blasonar da formosura rara
Que em mãos, pés, lábios, olhos, face aflora,
Sinto que a musa antiga decantara
Mesmo a beleza que deténs agora.
Não passa tal louvor de profecia
Do nosso tempo, e já te prefigura;
Mas como só na mente é que te via,
Não pôde o teu valor cantar à altura.
   E hoje, que temos olhos para ver,
   Verbo nos falta para enaltecer.

CX

Alas! 'tis true I have gone here and there,
And made myself a motley to the view,
Gor'd mine own thoughts, sold cheap what is most dear,
Made old offences of affections new;
Most true it is that I have look'd on truth
Askance and strangely; but, by all above,
These blenches gave my heart another youth,
And worse essays prov'd thee my best of love.
Now all is done, save what shall have no end:
Mine appetite I never more will grind
On newer proof, to try an older friend,
A god in love, to whom I am confin'd.
    Then give me welcome, next my heaven the best,
    Even to thy pure and most most loving breast.

110

Ah! certo é que eu andei ao léu não raro
E fiz de mim truão sem recompensas,
Vendi barato o quanto me era caro,
Fiz com nova afeição velhas ofensas.
Verdade é que de viés e um tanto rude
Eu via o que é fiel; mas, como for,
Deram-me os erros nova juventude,
Provou-me o mau amor que eras melhor.
Tudo acabou, aceita o que ora digo:
Meus apetites nunca mais degrado
A novas provas contra um velho amigo,
Um deus no amor, a quem estou ligado.
    Recebe-me, que ao céu terei direito
    Estando junto de teu puro peito.

CXIII

Since I left you, mine eye is in my mind;
And that which governs me to go about
Doth part his function and is partly blind,
Seems seeing, but effectually is out;
For it no form delivers to the heart
Of bird, of flower, or shape, which it doth latch:
Of his quick objects hath the mind no part,
Nor his own vision holds what it doth catch;
For if it see the rud'st or gentlest sight,
The most sweet favour or deformed'st creature,
The mountain or the sea, the day or night,
The crow or dove, it shapes them to your feature:
    Incapable of more, replete with you,
    My most true mind thus maketh mine untrue.

113

Ao deixar-te, na mente te carrego
E os olhos, que me indicam aonde vão,
Fazem-no em parte, pois em parte, cego,
Pareço ver, mas na verdade não.
Pois forma alguma ao coração me chega
De ave ou de flor ou de uma imagem rala
Que passando ligeira a mente pega
Mas a visão fracassa em agarrá-la.
Pois vendo o que há de rude ou de harmonia,
A mais disforme, a mais bela criatura
Seja montanha ou mar, ou noite ou dia
Corvo ou pomba, me traz tua figura.
   Incapaz de algo mais, de ti nutrido,
   Minha mente fiel me torna infido.

CXVI

Let me not to the marriage of true minds
Admit impediments. Love is not love
Which alters when it alteration finds,
Or bends with the remover to remove:
O, no! it is an ever-fixed mark,
That looks on tempests and is never shaken;
It is the star to every wandering bark,
Whose worth's unknown, although his height be taken.
Love's not Time's fool, though rosy lips and cheeks
Within his bending sickle's compass come;
Love alters not with his brief hours and weeks,
But bears it out even to the edge of doom.
    If this be error, and upon me prov'd,
    I never writ, nor no man ever lov'd.

116

Que eu não veja empecilhos na sincera
União de duas almas. Não amor
É o que encontrando alterações se altera
Ou diminui se o atinge o desamor.
Oh, não! amor é ponto assaz constante
Que ileso os bravos temporais defronta.
É a estrela guia do baixel errante,
De brilho certo, mas valor sem conta.
O Amor não é jogral do Tempo, embora
Em seu declínio os lábios nos entorte.
O Amor não muda com o dia e a hora,
Mas persevera ao limiar da Morte.
    E, se se prova que num erro estou,
    Nunca fiz versos nem jamais se amou.

CXXI

'Tis better to be vile than vile esteem'd,
When not to be receives reproach of being;
And the just pleasure lost, which is so deem'd
Not by our feeling, but by others' seeing:
For why should others' false adulterate eyes
Give salutation to my sportive blood?
Or on my frailties why are frailer spies,
Which in their wills count bad what I think good?
No, I am that I am, and they that level
At my abuses reckon up their own:
I may be straight though they themselves be bevel;
By their rank thoughts my deeds must not be shown;
    Unless this general evil they maintain,
    All men are bad and in their badness reign.

121

Melhor ser vil do que por vil ser tido,
Quando se acusa a quem não é de o ser;
E um justo prazer morre, envilecido,
Não por nós, mas por quem assim quer ver.
Por que um olhar adulterado iria
Louvar-me o sangue de impulsivo tom,
Ou se sou fraco, algum mais fraco espia,
Vir dar por mau o que eu pretendo bom?
Não, sou o que sou; quem achar iníquos
Os meus abusos, fala pelos seus:
Posso ser reto, já que são oblíquos,
Não vê a mente espúria os feitos meus;
    A menos que a sentença seja vera,
    De que todos são maus e o mal impera.

CXXVII

In the old age black was not counted fair,
Or if it were, it bore not beauty's name;
But now is black beauty's successive heir,
And beauty slander'd with a bastard's shame:
For since each hand hath put on Nature's power,
Fairing the foul with Art's false borrow'd face,
Sweet beauty hath no name, no holy bower,
But is profan'd, if not lives in disgrace.
Therefore my mistress' brows are raven black,
Her eyes so suited, and they mourners seem
At such who, not born fair, no beauty lack,
Sland'ring creation with a false esteem:
   Yet so they mourn, becoming of their woe,
   That every tongue says beauty should look so.

127

O tempo antigo a negra cor não preza
Ou, quando o faz, de bela não a chama;
Mas hoje é sucessora da Beleza
A cor que de bastarda tinha fama.
Da Natureza usando-se o atributo,
Tanto o feio alindou-se com disfarce
Que o Belo já não tem nome, ou reduto,
Mas vive na desgraça, a profanar-se.
Dizem que olhos de luto a minha amada
Sob uns cílios da cor do corvo tem
As damas que de belo não têm nada
E esta falta compensam com desdém.
    Mas tal luto só faz por convencer
    Que o belo assim é que devia ser.

CXXX

My mistress' eyes are nothing like the sun;
Coral is far more red than her lips' red:
If snow be white, why then her breasts are dun;
If hairs be wires, black wires grow on her head.
I have seen roses damask'd, red and white,
But no such roses see I in her cheeks;
And in some perfumes is there more delight
Than in the breath that from my mistress reeks.
I love to hear her speak, yet well I know
That music hath a far more pleasing sound:
I grant I never saw a goddess go, —
My mistress, when she walks, treads on the ground:
    And yet, by heaven, I think my love as rare
    As any she belied with false compare.

130

Seus olhos nada têm de um sol que arda
E mais rubro é o coral que sua boca:
Se a neve é branca, sua tez é parda;
São fios negros seu cabelo em touca.
Vi rosas mesclas de rubor e alvura,
Mas tais rosas não vejo em sua face.
Sei de perfumes que têm mais doçura
Que o hálito da amada se evolasse.
Amo ouvi-la falar, porém insisto
Que mais me agrada ouvir uma canção.
De deusas nunca devo o andar ter visto —
Minha amante ao andar pisa no chão.
    No entanto, pelos céus, acho-a mais rara
    Do que a mulher que em falso se compara.

CXXXVIII

When my love swears that she is made of truth,
I do believe her, though I know she lies,
That she might think me some untutor'd youth,
Unlearned in the world's false subtleties.
Thus vainly thinking that she thinks me young,
Although she knows my days are past the best,
Simply I credit her false-speaking tongue:
On both sides thus is simple truth supprest.
But wherefore says she not she is unjust?
And wherefore say not I that I am old?
O! love's best habit is in seeming trust,
And age in love loves not to have years told:
    Therefore I lie with her, and she with me,
    And in our faults by lies we flatter'd be.

138

Quando jura ser feita de verdades,
Em minha amada creio, e sei que mente,
E passo assim por moço inexperiente,
Não versado em mundanas falsidades.
Mas crendo em vão que ela me crê mais jovem
Pois sabe bem que o tempo meu já míngua,
Simplesmente acredito em falsa língua:
E a patente verdade os dois removem.
Por que razão infiel não se diz ela?
Por que razão também escondo a idade?
Oh, lei do amor fingir sinceridade
E amante idoso os anos não revela.
    Por isso eu minto, e ela em falso jura,
    E sentimos lisonja na impostura.

CXLIII

Lo, as a careful housewife runs to catch
One of her feather'd creatures broke away,
Sets down her babe, and makes all quick dispatch
In pursuit of the thing she would have stay;
Whilst her neglected child holds her in chase,
Cries to catch her whose busy care is bent
To follow that which flies before her face,
Not prizing her poor infant's discontent:
So runn'st thou after that which flies from thee,
Whilst I thy babe chase thee afar behind;
But if thou catch thy hope, turn back to me,
And play the mother's part, kiss me, be kind;
    So will I pray that thou mayst have thy *Will*,
    If thou turn back and my loud crying still.

143

Ah, qual cuidosa mãe que, ao ir à cata
Da criatura de penas fugidia,
Deixa o filho no chão e se desata
A perseguir a presa que extravia,
E a criança abandonada impede a caça
Com seu choro atraindo-a da constante
Tensão para agarrar a que esvoaça
Sem pensar na aflição do pobre infante;
Assim persegues quem de ti se solta
Enquanto eu, filho, corro ao teu encalço;
Mas se agarras teu bem, ao menos volta
E faze-te de mãe: beija-me em falso.
   Rezo para que possas ter teu bem,
   Mas que voltes ao rogo meu também.

CXLIV

Two loves I have of comfort and despair,
Which like two spirits do suggest me still:
The better angel is a man right fair,
The worser spirit a woman, colour'd ill.
To win me soon to hell, my female evil
Tempteth my better angel from my side,
And would corrupt my saint to be a devil,
Wooing his purity with her foul pride.
And whether that my angel be turn'd fiend
Suspect I may, but not directly tell;
But being both from me, both to each friend,
I guess one angel in another's hell:
    Yet this shall I ne'er know, but live in doubt,
    Till my bad angel fire my good one out.

144

Dois amores — de paz e desespero —
Eu tenho que me inspiram noite e dia:
Meu anjo bom é um homem puro e vero;
O mau, uma mulher de tez sombria.
Para levar a tentação a cabo,
O feminino atrai meu anjo e vive
A querer transformá-lo num diabo,
Tentando-lhe a pureza com a lascívia.
Se há de meu anjo corromper-se em demo
Suspeito apenas, sem dizer que seja;
Mas longe ambos de mim, e amigos, temo
Que o anjo no fogo já do outro esteja.
   Nunca sabê-lo, embora desconfie,
   Até que o mau meu anjo contagie.

CXLV

Those lips that Love's own hand did make,
Breath'd forth the sound that said 'I hate',
To me that languish'd for her sake:
But when she saw my woeful state,
Straight in her heart did mercy come,
Chiding that tongue that ever sweet
Was us'd in giving gentle doom;
And taught it thus anew to greet;
'I hate', she alter'd with an end,
That follow'd it as gentle day
Doth follow night, who like a fiend
From heaven to hell is flown away.
  'I hate' from hate away she threw,
    And sav'd my life, saying — 'Not you'.

145

Esses lábios que a mão do Amor fez belos
Expiraram o som que disse "Odeio"
Para mim que enlanguesço por seus zelos:
Mas quando viu meu pesaroso anseio
Logo seu coração teve piedade
Ralhando a língua de habitual tão doce
Ora usada em gentil calamidade;
Instando a que de novo meiga fosse
O "Odeio", ela alterou com um fim supremo
Que se seguiu qual dia bem-amado
Se segue à noite, como fosse um demo
Que do céu ao inferno é projetado.
   "Odeio", e uma outra vez seu ódio ouvi,
    Mas, salvando-me a vida: "Não a ti".

CXLVII

My love is as a fever, longing still
For that which longer nurseth the disease;
Feeding on that which doth preserve the ill,
The uncertain sickly appetite to please.
My reason, the physician to my love,
Angry that his prescriptions are not kept,
Hath left me, and I desperate now approve
Desire is death, which physic did except.
Past cure I am, now Reason is past care,
And frantic-mad with evermore unrest;
My thoughts and my discourse as madmen's are,
At random from the truth vainly express'd;
    For I have sworn thee fair, and thought thee bright,
    Who art as black as hell, as dark as night.

147

Meu amor é uma febre, que ainda anseia
Por tudo o que prolonga minha doença,
Nutrindo-se do quanto o mal ateia
Para aplacar a sua fome intensa.
Minha razão, o médico do amor,
Reclama que as receitas não lhe acato
E me deixa de vez; sinto no horror
Que desejo é mortal, se falta o trato.
Fico sem cura, se a Razão tão cara
Se vai, e um louco frenesi me invade;
Penso e falo qual louco que declara
Coisas ao léu, ausentes da verdade:
    Jurei que eras brilhante e achei-te pura
    E és negra como o inferno e a noite escura.

CXLIX

Canst thou, O cruel! say I love thee not,
When I against myself with thee partake?
Do I not think on thee, when I forgot
Am of myself, all tyrant, for thy sake?
Who hateth thee that I do call my friend?
On whom frown'st thou that I do fawn upon?
Nay, if thou lour'st on me, do I not spend
Revenge upon myself with present moan?
What merit do I in myself respect,
That is so proud thy service to despise,
When all my best doth worship thy defect,
Commanded by the motion of thine eyes?
　　But, love, hate on, for now I know thy mind;
　　Those that can see thou lov'st, and I am blind.

149

Podes, ó cruel, dizer que eu não te apreço,
Se estou, por ti, contra mim mesmo a opor?
Não é em ti que penso quando esqueço
De mim mesmo, ó tirano, em teu favor?
A quem, te odiando, eu chamaria amigo?
Ou louvaria se que te acaso vexa?
Ou melhor, se me feres, só consigo
Vingar de mim te dando a minha queixa.
Quais méritos em mim ou que respeitos
Podem a não servir-te me levar,
Quando em adoração de teus defeitos
Sou comandado à força de um olhar?
   Mas, odeia-me, amor; não te renego:
   Amas quem pode ver-te, e eu sou cego.

CLII

In loving thee thou know'st I am forsworn,
But thou art twice forsworn, to me love swearing;
In act thy bed-vow broke, and new faith torn,
In vowing new hate after new love bearing.
But why of two oaths' breach do I accuse thee,
When I break twenty? I am perjur'd most;
For all my vows are oaths but to misuse thee,
And all my honest faith in thee is lost:
For I have sworn deep oaths of thy deep kindness,
Oaths of thy love, thy truth, thy constancy;
And, to enlighten thee, gave eyes to blindness,
Or made them swear against the thing they see;
    For I have sworn thee fair; more perjur'd I,
    To swear against the truth so foul a lie!

152

Em te amando bem sabes fui perjuro,
Mas foste-o em dobro por jurar-me amor;
Quebraste o voto de teu leito puro
E novo ódio votaste ao novo ardor.
Por que acusar-te a quebra de dois votos,
Se quebro vinte? Mais perjuro sou;
Fiz dos abusos juramentos rotos,
Da honesta fé em ti nada restou.
Jurei que eras gentil a vida inteira,
Jurei por teu amor, leal, constante;
Clareando-te, dei olhos à cegueira:
Fi-los jurar contra o que era patente.
    Jurei que eras honesta: falsa mira;
    Jurar contra a verdade tal mentira.

Estudo

Mistério do soneto shakespeariano

Há mais lendas e teorias fantásticas em torno dos sonetos de William Shakespeare do que poderia cogitar a nossa vã literatura, diria hoje Hamlet a Polônio.

Quase não há meio-termo na crítica sobre o incrível Bardo de Strattford-on-Avon. Os estudiosos dividem-se notadamente entre fanáticos adoradores e frenéticos iconoclastas. São raros os ascetas desengajados que tomam uma posição imparcial, cartesiana.

Shakespeare, a partir do seu nome — escrito, em toda a genealogia, em mais de oitenta formas diferentes, e o dele próprio em 29 —, é um problema em seu discurso, em cada frase, em cada verso, na sua menor palavra, até no uso de uma sílaba, de uma vogal ou consoante. Tanto foi ele o artista do ofício de exprimir poesia, quase alquimista no estudo e na versão das paixões humanas, nos seus dramas, tragédias e comédias. Mágico do verbo, foi capaz de criar um estilo surpreendentemente poético até na farsa. Sua versatilidade está identificada no *Hamlet*, desta vez pela voz de Polônio: "...seja na tragédia, na comédia, na história dramática, na pastoral idílica e na cômica, como na histórica, na tragi-histórica, na tragicômico-histórica, na cena indivisível ou na poesia sem limite. Sêneca não poderia ser tão pesado nem Plauto tão leve" (*Hamlet*, Act II, Sc. II, v. 415-420). É o autor definindo-se nos saltimbancos da companhia.

Neste livro o leitor irá encontrar o trabalho esplêndido de Ivo Barroso traduzindo 24 sonetos do Cisne de Avon para o antagônico português. Foi uma tarefa imensa e se desdobra aqui num livro de arte, para leitores privilegiados, amadores ou escolásticos, simples bibliófilos ou *gourmets* da expressão e do conteúdo. O editor nos pediu uma introdução breve, sem qualquer nota de pé de página, só um estudo sobre a problemática dos sonetos, com eventual referência ao seu próprio mundo e às dificuldades da tradução. Eis uma proeza que requer muita alma. *"Brevity is the soul of wit."* (Hamlet, Act II, Sc. II, v. 90). "A concisão é a alma da sabedoria." Tentarei realizá-la como certos mergulhadores perplexos que só podem trazer do fundo de um oceano encantado de tesouros algumas pérolas barrocas.

    O soneto inglês foi uma adaptação ilhoa do autêntico soneto continental provindo da Idade Média. Devem-se, na verdade, a Petrarca, o último poeta medieval e o primeiro dos tempos modernos, a difusão e o enobrecimento do soneto clássico (dois quartetos e dois tercetos), embora não tenha sido de sua invenção. Essa forma fixa de poesia atravessou o *Quattrocento* e o *Cinquecento*, o esplendor do Renascimento europeu, e veio desembarcar no tardio e esnobe Renascimento inglês, também compondo-se de 14 versos, mas com um mecanismo de rima diferente. Foi uma espécie de *deditus receptus* do direito romano, em matéria de cidadania, e mereceu, no fim da dinastia Tudor, na plenitude do vigor intelectual elisabetiano, o prestígio de ser uma palavra de passe entre o intelectual plebeu e a aristocracia.

    A moda dos sonetos na Inglaterra durou cerca de vinte anos: de 1580 até a morte de Elizabeth, em 1603, com Shakespeare no fastígio do seu gênio (1564-1616). Circulavam em manuscritos, quase sempre com destinatários certos. Eram cartas em versos, mas tinham de contar com a chave de ouro grandiloquente, como qualquer soneto petrarquiano. Daí os primeiros problemas quanto aos de Shakespeare. Seriam cartas íntimas? Confissões e recriminações? Moeda adulatória na troca do patronato indispensável ao ator, pária da época? Cifra de uma ambivalência amorosa ou de uma triangulação traiçoeira? Endereços diferentes em unidades ou sequências também diversas? Espécie de *Pentagon Papers* cujo segredo um editor pirata violou tendo por cúmplice um *begetter* (no caso, um mero "apanhador")? Tudo isto para que nós, ainda hoje confusos, corrêssemos em busca do seu código e da sua mensagem?

    Entre muitos outros, esses problemas provocam os estudiosos a levantar hipóteses, criar dúvidas e alimentar quebra-cabeças, complicar, enfim, ainda mais, a decifração do enigma. E os Édipos capazes de compreendê-lo são cada vez menos argutos. Jamais levam a Esfinge a despedaçar-se, atirando-se do seu rochedo. Será sempre denso, mas um *claro enigma*, como o de Carlos Drummond de Andrade, que através dele marcou um definitivo encontro com um mundo novo de poesia.

Por que teria sido Shakespeare tão maior do que os outros grandes poetas do seu tempo? O talentoso Donne foi contemporâneo do Bardo (viveu entre 1572 e 1631), e só depois de quarenta anos, talvez até postumamente, teve sua poesia amorosa publicada. Enquanto foi vivo só manuscritos circularam clandestinamente. Mas essa divulgação não conseguiu gerar nem a idolatria nem a polêmica erudita que, com Shakespeare, atravessa nosso tempo e vai ultrapassá-lo.

E não há dúvida, sua obra poética está cheia de mistério e grandeza. Diante dos sonetos de Shakespeare a crítica, desafiada, procede não raro como certos garotos travessos. Depois de deliciar-se com o brinquedo da poesia, procura desmontá-lo para ver o que há dentro da forma fixa, dentro de cada verso, de cada palavra ou de cada letra, de cada eco, de cada cesura, de cada aliteração, de cada assonância. Dentro do tecido do texto e da sua intertessitura no contexto.

Acreditamos que, a esta altura, já se está procurando descobrir — como prescreve a nova linguística ao teorizar sobre o discurso poético — surpreendentes achados da semiótica no mistério do soneto shakespeariano. É provável que devam estar procurando, os pesquisadores da moderna linguística, uma tipologia dos objetos poéticos em Shakespeare. Empreendendo uma verdadeira viagem no espaço e no tempo do universo semântico, os novos — que continuam a beber, desde Saussure e Bréal, em Jakobson, em Karcevskiji, em Troubetzkoy, em Harris, em Hjelmslev, em Udall, em Enkvist, em Benveniste, com a contribuição de Barthes, de Greimas, de Foucault, de Siesstema, de Julia Kristeva, de Tomaschewski, de Todorov, de Martinet, de Thieberger, de Starobinski, e dos nossos Sérgio Paulo Rouanet, Antônio Houaiss, Eduardo Portela, José Guilherme Merquior, Massaud Moisés, Haroldo de Campos, Izidoro Blikstein, Carlos Henrique de Escobar, Sílvio Elia, Paulo Amélio do Nascimento Silva, Luiz Costa Lima, Antônio Sérgio Mendonça, Eduardo Viveiros de Castro, Maria Helena Mira Mateus, Monica Rector e Silviano Santiago, entre tantos outros infelizmente omitidos e que o espaço não comportaria referir — certamente tentarão, como Jakobson e Lévi-Strauss já fizeram com o soneto *Les Chats* de Baudelaire, uma análise estrutural que pode examinar a isotopia shakespeariana, a sua coerência sintagmática, indo à mais requintada semanálise. Não esquecer que o próprio Jakobson, em colaboração com Lawrence G. Jones, já nos deu, em 1970, um profundo trabalho de análise exclusivamente sobre o Soneto 129, em que não só a poética clássica como a ortografia, a prosódia, a pontuação, a interpretação, e até eventuais anagramas foram examinados à luz da sintaxe, da semântica, da semiótica, constituindo — e ele refere um trabalho semelhante de Kokertiz sobre o mesmo soneto — uma avaliação estrutural completa do texto e da textura poética "no entrelaçado de todos os seus fios", em relação à carga linguística desse difícil soneto. É o começo, e com que autoridade, do mundo novo da crítica shakespeariana.

Se já é complexo analisar a poética shakespeariana através da bibliografia crítica feita com base nos velhos padrões da literatura clássica e da retórica aristotélica, em meio a tantas conjecturas e achados, numa verdadeira mineração de garimpo, pode-se bem calcular o que vai acontecer com as formas fixas do gênio de Warwickshire quando for objeto da nova ciência da linguagem e suas pesquisas. Bem a propósito do soneto já começaram os novos linguistas a falar da fusão da poesia do fundo com a poesia da forma, a composição isomórfica do significante e do significado, a que alude Jakobson, e de uma relação icônica que pode existir entre o que é dito e o que é feito, lembrando-nos Geninasca que o *dizer* do poeta é, antes de tudo, um *fazer*.

Mas além do citado estudo de Jakobson sobre o Soneto 129, ainda não desmontaram — ao que saibamos — o mecanismo do engenho shakespeariano, como fez Jacques Geninasca com a análise estrutural dos 12 sonetos das *Chimères* de Gérard de Nerval, forçado precursor do surrealismo. Ainda não lhe retiraram todas as peças, todos os morfemas e semantemas, para chegar aos morfos e aos monemas, dentro da *cadeia falada* do soneto, que poderia levar ao seu próprio *metatexto*.

Que enorme labirinto, quando o tentarem, com a terminologia de propriedade feudal, quase esotérica, de cada novo teorista. Que imensa polêmica quando as teorias se contrapuserem. O imprevisto de uma poesia que se renova há quatro séculos surgirá do meio de uma mecânica em que o gosto da nomenclatura helênica construída (como significante) parece valer mais, para os iniciados e epígonos, do que a descoberta e o achado de um mundo novo, além ou debaixo das palavras (como significado). Em vez de se cultivar um *folk-lore*, cria-se um *scholar-lore* em torno do poeta e da sua lírica, da iluminação das palavras, do jogo vogal ou consonantal ou de eventuais características esotéricas que os mais fanáticos não custarão a apontar.

É evidente que o inigualável Bardo foi além da semântica e antecipou a semiótica, enriquecendo com isso a língua inglesa sobre a qual, no seu tempo, o latim ainda prevalecia, desde a *grammar school*. Enquanto Milton, da mesma época (tinha oito anos quando Shakespeare faleceu, em 1616), usou oito mil palavras para construir sua obra, o Bardo utilizou cerca de vinte mil, criando mais de quinhentas com raízes diretas do latim, e citando, além da moeda "cruzado" ("cruzadoes", *Othello*, Act III, Sc. IV, v. 26), outras da língua portuguesa: "Si fortuna me tormenta, spero contenta", isto é, "esperança me contenta" (*Henry IV*, Segunda Parte, Act V, Sc. V, v. 102). Além das palavras italianas, francesas e espanholas que jogou nas suas peças: 1) "Venetia, Venetia, Chi non ti vede no ti pretia" (*Love's Labour's Lost*, Act IV, Sc. III, v. 98-99); 2) "Je pense que vous êtes gentil-homme de bonne qualité"; e, depois de várias frases do diálogo inteiramente francês, esta última: "Suivez vous le grand capitaine" (*Henry V*, Act IV, Sc. IV, v. 2/70); "Ó diable", e, por último, "Ó meschante fortune" (idem, Sc. V, v. 1/5); 3) "Piu (italiano) per dulzura que por fuerza" (espanhol, *Pericles*, Act II, Sc. II, v. 28). Isto, sem falar nas palavras soltas, de origem neolatina, lançadas ou fabricadas. E é surpreendente que de todas elas brote uma poesia significativamente inglesa.

Já rica, e enriquecida a cada ano, a bibliografia que trata da problemática dos sonetos desdobra-se em quadros fascinantes. Embora os temas sejam quase sempre os mesmos, as doutrinas e interpretações ora se fortalecem, ora perdem o sentido, enquanto várias outras surgem. Livros e artigos sérios e sóbrios, outros cheios de artifícios de imaginação ou de exageros fanáticos, pró ou contra cada um dos temas da controvérsia, fazem do estudo dos sonetos de Shakespeare uma proeza tão encantadora quanto a de um astrônomo.

Parte da crítica séria se esforça, antes do mais, por situar os sonetos na idade elisabetiana, pesquisando a moda do *sonneteering*, quando surgiu e quanto tempo durou. Variam as suposições. A voga, com a sua difusão intensa, persistiu por vinte anos pelo menos, segundo se depreende da maioria dos pesquisadores. Mas o ingresso do soneto na Inglaterra remonta a Wyatt e Henry Howard, conde de Surrey, no reinado de Henrique VIII, sem haver comovido antes o velho Chaucer (1343?-1400), que não o adotou, dominando dos anos noventa do século XVI ao começo do XVII — fim da era elisabetiana — como instrumento de comunicação poética popular. E do povo subiu à Corte.

Embora se diga que se tornou conhecido com a publicação da miscelânea poética do editor Tottel, em 1557, sob o nome de *Songes and Sonnetes* — incluindo vinte sonetos de Wyatt e 16 do conde de Surrey —, vários destes foram traduções diretas de Petrarca, com exceção de três de Surrey, dedicados à morte de Wyatt e mais um à morte de Clere, um dos seus seguidores. A miscelânea de Tottel foi reimpressa sete vezes até 1587. Somente em 1580 Thomas Watson fez circular, em manuscrito, o seu *Book of Passionate Sonnetes*, dedicado ao seu patrono, o conde de Oxford, impresso em 1582 sob um título grego e o subtítulo de *Passionate Centurie of Love*. Watson chamou a sua obra de *toy*, "brinquedo", creio que com a ideia de exprimi-lo no sentido de exercício ou jogo intelectual, pois *toy* o chamaria também mais tarde Robert Tofte. Antecipavam-se à função e ao sentido lúdicos da poesia, encarecidos em nossos dias, apesar de mais velhos do que toda a literatura elisabetiana, pois até nas tragédias de Ésquilo a seriedade, segundo Huizinga, era apresentada sob forma lúdica. E, no elenco dos livros de retórica da *grammar school* da época de Shakespeare, se incluía o *Ludus literarius* de John Brinsley, 1612. A poesia está sempre entre o brinquedo e o sonho. Por isso para os poetas gregos a *poiesis* é uma função lúdica. Ela se exerce — e a observação é de Huizinga, *homo ludens* — no interior da região lúdica do espírito, num mundo próprio criado por este, no qual as coisas possuem uma fisionomia inteiramente diferente da que apresentam na vida comum, interligadas em relações diferentes das da lógica e da causalidade. A poesia está além da gravidade, naquele plano primitivo e originário a que pertencem a criança, o animal, o selvagem, o visionário. Na região do sonho, do encantamento, do êxtase, da alegria. *Poesis doctrinae tanquam somnium*. Não pensariam diferentemente Watson e Tofte. Nem Shakespeare.

Watson encheu a sua obra de comentários, admitiu que as fontes eram clássicas, dentro da adesão ao Renascimento, inspirou-se abertamente nos sonetistas da Itália e da França. Mas a verdade é que a composição era um soneto acrescido de uma estância ou estrofe de mais quatro versos. Só mais tarde é que Watson veio a adotar o soneto estrito de 14 versos, sem o quarteto final acrescentado.

Mas em 1591 aparece, publicado clandestinamente por um editor aventureiro, Thomas Newman, a coleção de Philip Sidney, de 108 sonetos, com o nome de *Astrophel and Stella*, e a partir daí é que sua voga se assinala na idade elisabetiana. Os sonetos de Sidney eram, na sua maioria, influenciados pelos de Petrarca, como pelos poetas da *Pléiade* francesa, Ronsard e seus seguidores. A coleção chegou a ter três edições sucessivas. No fundo, a temática era o eterno motivo do *Quattrocento*, na linha de Petrarca e seus seguidores: um enamorado submisso e tímido à amada inatingível, virtuosa e pura, quase sempre orgulhosa da sua beleza e insensível às lamúrias do trovador. E o apaixonado chora, no poema, a frustração ou o desespero de não poder atingi-la, "sua razão de viver, sua razão de morrer". Estilo sempre rebuscado, monotonamente amaneirado, em versos mais convencionais do que engenhosos ou inspirados, superpondo o gracioso e o melífluo ao poético. Em suma, um bilhete de paixão ou de agonia, de elogio ou adulação, que se dirigia menos à amada do que ao prestígio das igrejinhas populares ou aristocráticas que se criavam em torno da circulação manuscrita. Sidney conseguiu, entretanto, levantar esse nível.

Veio em seguida Samuel Daniel (1592), com uma sequência de 54 sonetos, dedicada à irmã de Sidney, condessa de Pembroke e, como nas obras francesas da época, terminando com uma ode. Embora enaltecendo Petrarca, Daniel não pôde esconder a influência dos sonetistas franceses, especialmente Maurice Scève, DuBellay e Desportes. E vários dos seus sonetos eram adaptações ou traduções de obras italianas. Dentro dessa mesma década — com Henry Constable (*Diana*, 1592), Barnabe Barnes (*Parthenonphil and Parthenophe*, 1593), Giles Fletcher (*Licia*, 1593), Thomas Lodge (*Phillis*, 1593), Michael Drayton (*Idea*, 1594), William Percy (*Coelia*, 1594), Richard Barnfield (*Cynthia*, que era o nome mitológico-poético da rainha Elizabeth, 1595), Edmund Spenser (*Amoretti*, 1595), John Davies (*Gullinge Sonnets*, 1595), Richard Linche (*Diella*, 1596), Bartholomew Griffin (*Fidessa*, 1596) — considerado um vulgar plagiário de Sidney, Watson, Constable e Drayton —, William Smith (*Chloris*, 1596), Robert Tofte (*Laura*, 1597) — visivelmente influenciado, a partir do título, por Petrarca —, William Alexander (*Aurora*, 1604) e Fulke Greville, com muito poucos sonetos numa obra de outras formas fixas (*Caelica*, 1606) — foi-se formalizando não apenas a estrofação e a rima do soneto inglês — caracterizada com o dístico final, rima em parelha —, mas o seu apreço como modelo de composição.

Segundo Sidney Lee — abundante nas suas informações sobre a época elisabetiana, em livros editados no começo deste século, como em nossos dias vem se tornando A.L. Rowse —, com a publicação do volume de Tofte, em 1597, praticamente cessara a divulgação dos livros de sonetos de amor. Somente duas coleções volumosas foram escritas nos primeiros anos do século XVII. Cerca de 1607, William Drummond (de Hawthornden, 1585-1649) escreveu uma série de 68 sonetos, intercalados com cantigas, madrigais e sextinas, na maioria traduções ou adaptações dos italianos. E aproximadamente em 1610 John Davies (de Hereford, 1569-1626) publicou o seu *Wittes Pilgrimage... Through a World of Amorous Sonnets*. Em mais de duzentos poemas diversos, somente 104 são sonetos que justificam, logo na abertura do volume, o título dado à obra. Alguns anos mais tarde William Browne (de Tavistock, 1588-1643) escreveu uma sequência de 14 *love-sonnets* (*Caelia*, o mesmo título de William Percy, acima indicado), que não se pode chamar uma verdadeira coleção. Omitindo esses três últimos — Drummond, Davies e Browne — já se levantou a estatística de cerca de 1.200 sonetos de amor impressos entre 1591 e 1597.

Nesse mesmo período William Shakespeare escreveu os seus, circulados em manuscrito, mas só publicados bem mais tarde. Se contarmos, ainda nessa época, os sonetos puramente filosóficos (Chapman e Locke, por exemplo) e os religiosos (Constable e numerosos outros), assim como os adulatórios ou elegíacos (no sentido que a elegia hoje tomou, porque o soneto também se confundia com a *song* e a *elegie* na idade elisabetiana), incluindo os *Poetical Exercises of a Vacant Hour*, do rei James VI da Escócia, de 1591, então o montante total, no período considerado shakespeariano, vai muito além de dois mil sonetos, dos quais pelo menos quinhentos são de patrocínio e outro tanto de temas filosóficos ou religiosos.

Vê-se que, não contados os anônimos e os de categoria desprezível que não passaram dos manuscritos, a voga da era elisabetiana do soneto não enriqueceu a lírica inglesa em quantidade, como seria de esperar.

Mas deu-lhe qualidade. E os de Shakespeare, qualquer que seja o ângulo da posição crítica em que se ponha o leitor e o pesquisador escolástico, ganharam a perenidade dos séculos, mesmo quase esquecidos, como foram, durante vários anos, dos fins do século XVII ao século XVIII. Os sonetos saíram da moda entre 1740, com Gray, que produziu apenas um, e 1789, com Bowles, para voltarem depois com William Wordsworth (1770-1850), o qual retomou as sequências, com o grande John Keats (1795-1821) — que o praticou até o belo *Last Sonnet* — com Elizabeth Barrett Browning (1806-1861) nos seus *Sonnets from the Portuguese*, e junto dela Robert Browning (1812-1889), até os nossos dias. Mesmo com a liberdade de permanecerem os 14 versos, rimados ou brancos, metrificados ou heterométricos, desobedecendo pausas ou cesuras, livres da concomitância musical dos acentos, os poetas ingleses, como os nossos, recriaram o antigo poema à sua maneira, e exprimem, livres da forma fixa, o conteúdo poético que está no seu verbo e no seu discurso.

Mas o soneto clássico permaneceu. Todos os grandes poetas do nosso tempo o praticam, como jogos ou exercícios pelo qual exaurem as manifestações lúdicas do seu lirismo. Pois este é o gênero em que melhor acontece o código cuja mensagem só a nossa poesia interior pode ler e receber. Às vezes apenas na simples música das palavras ou no jogo das letras, das vogais e das consoantes, na verdade os átomos, os núcleos da poética que dão expressão ao achado da poesia, conteúdo do verso como forma do discurso. Um jogo de contas de cristal.

E o soneto clássico se mede em Petrarca, como em Ronsard; em Camões, como em Shakespeare. Mas este, pela poderosa instrumentação da língua inglesa, que o seu vocabulário ajudou a enriquecer e tornou-se sempre contemporâneo, com o gênio refletido na expressão e no conteúdo, assim como pela riqueza do artesanato com que foi esculpido. E é no artesanato da linguagem que nasce o mistério e surgem os problemas, mais do que na destinação e na temática dos poemas, também problemáticos.

Como tudo em Shakespeare é surpreendente, desafio contínuo à perpetuidade, não foi pela coleção dos 154 sonetos editados em 1604 que o Bardo começou a usar o *quatorzain*. Antes, já na peça considerada como o início da sua carreira de autor teatral, o seu verso dramático produziu sete sonetos: *Love's Labour's Lost* (1591), Act I, Sc. I, v. 80-93 e 163-176; Act IV, Sc. II, v. 109-122; Sc. III, v. 26-39 e 60-71; Act V, Sc. II, v. 343-356 e 402-415. Por seu turno, ambos os corais que precedem os Atos I e II de *Romeo and Juliet* (1595/1596) têm a forma de sonetos. E a carta de Helena em *All's Well that Ends Well* (1602/1603) — que segundo a crítica apresenta indícios de composição muito anteriores à da peça, é também um soneto: Act II, Sc. IV, v. 4-17. Dez sonetos surgiram, assim, de três das peças teatrais mais remotas de Shakespeare, escritas precisamente na época da voga do soneto. E, curiosamente, daqueles sete incorporados em *Love's Labour's Lost*, um foi composto em alexandrinos, com a rima inglesa (IV, II, 109).

O soneto inglês — que alguns escritores chamam exageradamente de elisabetiano, mas antecede a dinastia Tudor, porque foi introduzido por Wyatt sob Henrique VIII, como já vimos — é um poema estrófico (como a balada, o canto real, a copla, o triolé, a fatrasia, a tanca, o hai-cai, o rubai, a sestina, a espinela, o pantum, a terça rima, a vilanela), em oposição ao poema estíquico ou não estrofizado (como o romance, a balada narrativa, os lais, os poemas épicos e heroicos em geral). Mas não é o soneto petrarquiano, de estrofes delineadas em duas quadras e dois tercetos com duas ou três rimas, abraçadas nas quadras e alternadas nos tercetos (a, b, b, a / a, b, b, a / c, d, e / c, d, e), como são igualmente os camonianos, com pequenas variantes nos tercetos (c, d, c / d, c, d), bem mais sonoros por se aproximarem as rimas.

A Inglaterra, pelo seu caráter anglo-saxão e a despeito dos resíduos normandos ou por isto mesmo, geográfica e jacobinisticamente isolada do continente europeu e do mundo então conhecido, resistiu ao Renascimento e começou bem mais tarde o seu próprio. Chame-se Renascimento inglês, ou Contrarrenascimento, como quer Haydn, pelas correntes cruzadas com a Reforma que reagia aos princípios básicos do renascimento humanístico clássico e ao escolasticismo medieval, o certo é que a emenda inglesa não saiu pior do que o soneto petrarquiano. Simplificou-o, talvez pelas dificuldades que a pobreza do vocabulário legitimamente inglês — naquela época levando desvantagem perante as línguas românicas — conduzia à busca da rima, e simplificou-a para ser diferente. E a diferença está na estrofação antipetrarquiana: três estâncias tetrásticas e uma final, dística, que põe em relevo, por parelha (a *rima baciata* italiana), a chave de ouro. Assim: a, b, a, b / c, d, c, d / e, f, e, f / g, g. Houve pequenas variantes, com rimas às vezes abraçadas no meio das quadras, mas a regra é, a rigor, apresentar duas estrofes, indicadas tipograficamente apenas pelo dístico final: 12 versos numa só estância, sem a separação estrófica das quadras, e o *couplet* terminativo, adiantado duas letras à frente, em rimas parelhadas, que é a chave de ouro, quase sempre conceitual. E como a língua é rica de palavras pequenas, ao contrário das neolatinas, em vez do verso alexandrino, do dodecassílabo ou hexâmetro iâmbico com o clássico hemistíquio, o soneto inglês adotou o decassílabo — o pentâmetro iâmbico, assim chamado na língua inglesa — porque é o decassílabo com icto nas sílabas pares, que logo se verifica, independentemente da escansão pelo icto vocal.

George Gascoigne (*Poesies*, 1575) já definia assim o soneto: "Fouretene lynes, every lyne conteyning tene sillabers. The first twelve to ryme in staves of foure lynes by crooss metre and the last two ryming together, do concluede the whole." "Catorze versos, cada verso contendo dez sílabas. Os primeiros 12 metrificados em rimas cruzadas dentro de estrofes de quatro versos e os últimos dois rimando em parelha fecham o conjunto." Eis, em linguagem leiga, o típico soneto inglês.

Em 21 dos 108 de Sidney, na famosa coleção *Astrophel and Stella*, que desencadeou o *sonneteering* na sociedade elisabetiana, as rimas eram do modelo petrarquiano, sem o dístico final (a, b, b, a / a, b, b, a / c, d, e / c, d, e). Mas constituiu uma rara exceção, segundo Sidney Lee. Spenser entrelaçou as rimas mais habilidosamente do que Shakespeare, mas ficou fiel ao dístico conceitual.

E como aconteceu em algumas coleções dos sonetos da idade elisabetiana, os shakespearianos apresentam as seguintes irregularidades sobre as quais, igualmente, a crítica se enovela nas mais diversas explicações ou contradições: o Soneto 99 tem 15 versos, o 126 tem apenas 12, com rimas em parelhas (o que se encontra, igualmente, em Lodge, *Phillis*, Sonetos 8 e 26), e o 145 é um soneto octossílabo. Duvida-se, por isso, que os três pertençam, realmente, à coleção original, enquanto outros se aproveitam do fato para dizer que nunca houve coleção nem sequência, cada soneto havendo sido produzido individual e circunstancialmente. Outros entendem que foram escritos, o 99 e o 126, como formas fixas diferentes, poemas que não são sonetos, insistindo na inexistência de um conjunto predeterminado. E a maioria toma-os como uma prova de que o ordenamento e a numeração do *in quarto* de Thomas Thorpe — manipulados por ele ou pelo *begetter*, "Mr. W.H.", de que falaremos adiante — constituíram um arranjo arbitrário, que a reordenação apresentada em 1640, na edição de Ben Jonson, se encarregaria de comprovar (como se também não fosse, este sim, completamente arbitrário, tão arbitrário quanto o livro em si mesmo, uma inexplicável miscelânea de poemas e autores, publicada 24 anos depois da morte de Shakespeare, enquanto o livro de Thorpe foi publicado em vida deste, mesmo que o tenha sido sem autorização ou revisão de Shakespeare).

Consideramos lógica a nossa maneira de entender a diferença apresentada nos três poemas: a) o 99 é um autêntico soneto, aparentemente de 15 versos, mas o primeiro não é senão o que Rowse chamou de prelúdio e que eu chamaria de advertência em virtude da palavra *chide*, que quer dizer "admoestação": "The forward violet thus did I chide:", "Assim observo eu a flor em broto". Não esquecer que no inglês antigo *violet* significava *flor* ou *cor* em geral, como registra o grande Oxford; deste modo, o soneto é perfeito com os seus 14 versos, excluído o prólogo ou a advertência; b) o 126 não é um soneto. É um poema decassílabo, de rimas dísticas, que poderia ter sido o *envoy* da sequência no seu próprio final; c) o 145 é um soneto, apenas com a singularidade de haver sido metrificado em oito sílabas. É um tetrâmetro iâmbico, mas tem uma ligação incontestável com o 144, um dos mais discutidos, quer pela eventual ambivalência amorosa, quer pela interpretação ao último verso do dístico, que o tradutor Ivo Barroso parece haver preferido no seu eventual sentido pejorativo, que entra no prosaico domínio da patologia genital (Hyder Rollins, Leslie Hotson). Mas perde por isto, talvez, o sentido ou merecimento poético. De toda maneira, a *trouvaille* da tradução é uma admirável proeza.

Estudar os sonetos de Shakespeare é compreender a idade elisabetiana no seu contexto, penetrando a jacobiana, e dentro desse quadro a constituição da sociedade, a estrutura do poder, o puritanismo, a hipocrisia, o mito, a simbologia e a mágica da Corte. Era ela o polo de atração e de condenação, esperança e medida de todas as aspirações, ainda as do povo, para quem a *gentry*, a *new nobility* ou a simples comenda outorgavam *status symbol*, esta última para receber o mero cumprimento dos cortesãos.

Os atores de teatro incipiente e ambulante eram párias e as peças escritas não tinham acesso ao *canon* da literatura. *Nos haec novimus esse nihil*: "We know these things to be nothing", "Nós sabemos que estas coisas nada significam", aparece na página de rosto de um *in quarto* da época. Mesmo quando os atores companheiros de Shakespeare, John Heminge e Henry Condell, fizeram publicar o primeiro *in folio*, 1623, com o Bardo já falecido e festejado, chamam as suas peças de "brincadeiras" (*trifles*), na submissa e humílima dedicatória aos adulados condes de Pembroke e de Montgomery, irmãos de sangue e de nobreza: "For, when we valew the places your H.H. sustaine, we cannot but know their dignity greater, then to descend to the reading of these trifles: and while we name them trifles, we have deprived ourselves of the defence of our Dedication. But since your L.L. have beene pleas'd to thinke these trifles something, heeretofore..." "Pois quando consideramos as posições que V. Ex.^{as} ocupam, não podemos senão reconhecer sua dignidade cada vez maior, para descer à leitura destas insignificâncias [ou brincadeiras]; e na medida em que as denominamos de ninharias, nos poupamos de nos defender pela Dedicatória. Mas uma vez que V. Ex.^{as} se agradem de admitir estas insignificâncias como valendo alguma coisa, desde logo..."

O próprio Ben Jonson, que louvou Shakespeare, embora aludisse, com certo despeito, ao seu "pouco latim e nenhum grego" — o que é contraditado pelo próprio tipo de ensino da *grammar school* de Strattford-on-Avon, onde se começava a ler e escrever em latim e grego, a gramática grega era escrita em latim, vertia-se o latim para o grego e aprendia-se a compor em ambas, entrando no currículo, além de Esopo, Demóstenes, Hesíodo, Plutarco, Píndaro e outros clássicos, mais os latinos Cícero, Horácio, Juvenal, Ovídio, Plínio e vários da grande estirpe romana — chegou a nomear os atores de *rascals* ("tratantes") e aludir à lei 39 de Elizabeth (1597/1598), que no capítulo 4 tem este anátema para os atores que não estivessem sob a proteção de um par do reino, de um nobre ou da própria Corte:

"2. *All... common players* or *interludes and minstrels wandering abroad* (other than players of interludes belonging *to any baron* or *this realme, or any other honorable personage of greater degree,* to be authorized to play, under the hand and seal of arms of such *baron* or *personage*)... shall be taken, adjudged and deemed rogues, vagabons and sturdy beggars, and shall sustain such pain and publishement as by Act is in that behalf appointed."

"2. Todos os... atores comuns *ou* saltimbancos e menestréis ambulantes (*fora os atores de entremeses pertencentes* a algum barão *ou* a este reino, ou a qualquer dignitário de alta posição, *que estejam autorizados a representar, sob a proteção e com o selo do brasão* de tal barão *ou* dignitário)... devem ser presos, julgados e considerados embusteiros, vagabundos e mendigos contumazes, e terão de sofrer dor e punição nos termos que esta lei estabelece para o caso."

E a pena *inicial* era de uma crueldade revoltante:

"3. ... stripped naked from the middle upwards and shall be openly whipped *until his or her body be bloody*."

"3. ... desnudados, do tronco para cima, e serão publicamente chicoteados *até que o corpo dele ou dela sangre*."

Esta situação não era o resultado da inferioridade dos atores como classe, tão somente, mas do puritanismo elisabetiano inicial contra o teatro, contra o drama em si mesmo, considerado imoral e blasfemo, até porque os rapazes faziam quase sempre "o papel das mulheres e isto contrariava a Lei de Deus" (*Deuteronômio*, 22, 5). O fanatismo, a hipocrisia e o farisaísmo dos puritanos — denominação que no princípio era depreciativa — radicavam-se na oposição escolástica à natureza humana, que tinha de ser antissensual, individualista e iconoclasta. E já se dizia na época: "This name Puritane is very aptly given to these men, not because they be pure no more than were the *Heretikes called Cathari*, but because they think themselves do be *mundiores ceteris*, more pure than others..." "Esta denominação — Puritano — é dada muito adequadamente a tais pessoas, não porque eles sejam mais puros do que foram os *Heretikes* (hereges) *chamados Cathari* (ou cataristas, seguidores de uma seita da Idade Média que admitia dois deuses, um do bem e outro do mal, referidos nos autos de fé da Inquisição), mas porque admitiam ser *mundiores ceteris* (que não viviam para o mundo), mais puros do que os outros..."

Vencer essa muralha da sociedade elisabetiana foi o grande desafio de Shakespeare. Mas ele o conseguiu, e foram os sonetos — sem dúvida o próprio noviciado com que haveria de chegar depois à grande altitude do seu teatro imortal — que lhe serviram de lança para abrir o caminho: o "brandir da lança", que é a tradução literal do seu patronímico — "shake-speare". Daí figurar a lança no brasão de armas da família, com o suficiente *motto* "Non sanz droict", afinal obtido em favor do seu pai, John Shakespeare, já com o prestígio do poeta, na segunda tentativa de conseguir a *gentry*.

Para chegar pelo menos a gentil-homem, Shakespeare precisava de um patrono. Era dos hábitos da época, entre os artistas com pretensões à Corte, como no velho exemplo de Torquato Tasso com o duque de Ferrara, na Itália, ou como Jodelle em relação ao conde de Fauquembergue e de Courtenay, na França. E o patronato abrangia quatro categorias de atitudes e objetivos: 1) dedicar peças ou sonetos por um simples pagamento pecuniário, que ia de xelins a guinéus, de acordo com a generosidade do patrão e o valor que este desse ao esforço do autor; 2) obter um emprego para ficar a serviço do patrono; 3) garantir-se no exercício da profissão de ator teatral, condenada sem o patrocínio cavalheiresco, como vimos; e 4) atingir a suprema ambição de um emprego ou um lugar na Corte.

Spenser teve o patrocínio de Leicester House. Ben Jonson viveu durante anos com Lord D'Aubigny. Nashe morou na ilha de Wight, com a família de *Sir* George Carey. E John Florio conseguiu ser "tutor" (professor) do jovem 3º conde de Southampton e barão de Titchfield, Henry Wriothesley, que haveria de ser, ao mesmo tempo, o grande patrono de Shakespeare, o motivo da maior parte dos seus 154 sonetos, ou a razão do seu desespero amoroso, se aceitarmos a teoria da triangulação, uma das mais lógicas para as sequências do grande poema, adiante referidas.

Antes, Shakespeare lhe dedicou, ostensivamente, os seus primeiros poemas líricos, na mesma linguagem servil da época: *Venus and Adonis* (1593) e *The Rape of Lucrece* (1594). Escreveu no primeiro: "Right Honourable, I know not how I shall offend in dedicating my unpolisht lines to your Lordship, nor how the worlde will censure mee for choosing so strong a proppe to support so weake a burthen, onelye if your Honor seem but pleased, I account my selfe highly praised, and vowe to take advantage of all idle hours, til I have honoured you with some grauer labour." "Digníssima Alteza, eu não sei a que ponto possa ofendê-lo em dedicando meus grosseiros versos à Vossa Lordeza, e como a humanidade me censuraria por escolher tão portentoso apoio para suportar tão pobre carga, a não ser que Vossa Excelência venha a estimar o gesto, o que me fará alta mercê, e juro aproveitar todo o meu tempo vago para dignificar Vossa Excelência com algum trabalho mais importante." E no segundo poema, já sob o mecenato do jovem membro da nobiliarquia elisabetiana: "What I have done is yours, what I have to doe is yours, being part in all I have, devoted yours. Were my worth greater, my duety would show greater, meane time, as it is, it is bound to your Lordship." "O que fiz lhe pertence, o que farei também lhe pertence, sendo parte de tudo o que tenho devotadamente seu. Fosse maior o meu valor, minha submissão maior se demonstraria; entretanto, como quer que seja, é dirigida a Vossa Lordeza."

Mas os sonetos foram publicados sem dedicatória de Shakespeare e quase certamente, segundo os melhores autores, sem seu consentimento. Andaram em manuscrito, mesmo restrita ou confidencialmente, durante 12 anos, segundo a frase laudatória de Francis Meres, no seu *Palladis Tamia* (1598), que se tornou famosa: "As the soule of Euphorbus was thought to lie in Pythagoras, so the sweete wittie soule of Ovid liues in mellifluous and hony-tongued Shakespeare, witnes his Venus and Adonis, his Lucrece, his *sug'red Sonnets among his private friends*." "Assim como se admitia que a alma de Euforbo jazia em Pitágoras, assim a doce e sábia alma de Ovídio vive no melífluo e lírico Shakespeare, assiste o seu *Venus and Adonis*, o seu *Lucrece*, e os seus *suaves (açucarados) sonetos que circulam entre os seus amigos íntimos*." Onze anos mais tarde, apenas dois deles — entre três outros poemas sem a forma de soneto — foram publicados pelo editor William Jaggard, no volume intitulado *The Passionate Pilgrim* (1599), fraudulentamente atribuído a Shakespeare, segundo a maioria dos críticos. Sidney Lee o divulgou numa luxuosa edição fac-similar da lírica shakespeariana, em 1905, incluindo os 154 sonetos, com glosas de uma admirável erudição. Podemos encontrá-los, os dois sonetos, no *Passionate Pilgrim*, a despeito da falta de indicação de Lee: são o 138 e o 144, que apresentam algumas alterações em relação à publicação de 1609, adiante mencionada.

Shakespeare, a não ser no caso dos dois poemas narrativos dedicados a Southampton — *Venus and Adonis* e *The Rape of Lucrece*, editados pelo seu amigo e compatrício Richard Field —, não se interessava pela publicação de suas obras. Alcançado o mecenato do conde de Southampton, e a glória artística em Londres, não protestou quando sete dramas apócrifos foram publicados como seus ou com suas iniciais, e a sua fama já estava consagrada. Foram publicadas, durante sua vida, 16 peças de sua autoria, e nenhuma com a sua autorização. Talvez porque o Autor já as houvesse vendido a outras *troupes* ou companhias de teatro, e não mais pudesse se imiscuir nos problemas da sua divulgação.

O mesmo veio a acontecer com a coleção dos sonetos. Imprimiu-a em primeira mão o editor Thomas Thorpe, que então começava uma carreira de editor que prosperou sem nenhum respeito ao copirraite então não existente, e desafiando a outorga de licença de vários autores, em 1609, num pequeno *in quarto*, a que acrescentou o poema *A Lover's Complaint*, abrindo o livro com a seguinte dedicatória, escrita propositadamente numa linguagem inversa e bombástica:

>   TO . THE . ONLIE . BEGETTER . OF.
>   THESE . INSVING . SONNETS.
>   Mr. W.H. ALL . HAPPINESSE.
>   AND . THAT . ETERNITIE.
>   PROMISED.
>   BY.
>   OVR . EVER-LIVING . POET.
>   WISHETH.
>   THE . WELL . WISHING.
>   ADVENTVRER . IN.
>   SETTING.
>   FORTH.
>   T.T.

Posta na ordem direta, que lhe retira a complexidade propositada, teria de ser lida assim: "The well wishing adventurer in setting forth, T.T., wisheth *Mr. W.H.*, that only *begetter* of these ensuing sonnets, all happiness and the eternity promised by our ever-living poet." Ou em vernáculo: "O bem-intencionado empreendedor desta publicação,

T.T. (Thomas Thorpe, o editor), deseja ao sr. W.H., o único *coletor* (ou *obtentor*) dos sonetos que se seguem, toda felicidade e aquela eternidade prometida pelo nosso poeta."

Começa, então, aqui, a primeira grande controvérsia. De quem seriam as iniciais "W.H."? E ainda hoje se debatem as correntes, todas analisando, de um lado, a extensão semântica que a palavra *begetter* tomou na língua inglesa, em determinada época, e de outra parte o sentido estrito que ela possa ter. E desdobra-se a polêmica.

Admite-se que *begetter*, usado literalmente em relação a um trabalho literário, significa "autor" ou "produtor", não se concebendo que Thorpe tenha querido insinuar que "W.H." fosse o autor dos sonetos. Teria, então, sido usado no sentido figurado de "inspirador", para encarecer os laços de intimidade existentes entre Shakespeare, através dos sonetos, e "W.H.". Mas este nunca foi o sentido corrente, na era elisabetiana, da palavra *begetter*. Para Lee, o autor que até hoje melhor pesquisou o assunto, *beget* foi usado não poucas vezes com o sentido de "coletar", "obter" ou "conseguir", e, ainda, "selecionar" ou "adquirir".

No *Oxford English Dictionary*, sem dúvida o maior e mais completo da língua inglesa, agora com o suplemento de 1972, e com a edição micrográfica de dois volumes, a que se reduzem os 13 originais, publicada em 1971, *beget* aparece com quatro significações fundamentais, a primeira das quais é precisamente a de "adquirir (usualmente mediante esforço)", com exemplos clássicos do século XII (1154) até o século XVII (1603).

Não é preciso encarecer que na língua inglesa o verbo *get* é sem dúvida o de maior extensão significativa e semântica, ou, para estar dentro da nova linguística, de maior *expressão* e *conteúdo significante*. É o signo de maior polivalência, se acompanharmos a primeira teoria do signo, antes de Saussure, a de Santo Agostinho: qualquer que seja a espécie pelo sentido imediato, faz vir ao pensamento, por ele mesmo, um objeto diferente. Daí porque, segundo Saussure, a parte do signo que se torna *sensível* se chama *significante*, a parte *ausente* se diz *significado*, e a relação entre ambos é que é a *significação*. *Get* tem uma significação quase sem limites na língua inglesa, sobretudo acrescido de prefixos ou sufixos. No caso, é de prefixo que se trata: *be-getter*. Por isso, na chamada "Variorum" de James Boswell, o moço (1821) — que, na verdade, é a "Variorum" póstuma de Malone, com notas de Boswell — este fez a seguinte nota à dedicatória de T.T.: "The *begetter* is merely the person who *gets* or *procures* a thing, with the common prefix *be* added to it." "O *begetter* é simplesmente a pessoa que obtém (*get*) ou consegue (*procures*) determinada coisa, com o prefixo comum *be* acrescentado ao verbo *get*." E depois de citar *beget* com este sentido, num exemplo de Dekker (*Satiromastix*, 1602), Boswell explica que "W.H." foi, provavelmente, um dos amigos de Shakespeare que "forneceu ao impressor as suas cópias". Lee cita Daniel usando o verbo no sentido comum de "produzir" (*Dellia*, 1592), mas confirma que no inglês medieval e no anglo-saxão *beget* tinha o significado de "obter", e só no fim do século XVII é que apareceu concorrentemente a significação de "produzir". E liquida o assunto quando nos apresenta três citações do próprio Shakespeare em que *beget* tem o sentido de "conseguir": *The Rape of Lucrece*, 1594, verso 1.005; *The Taming of the Shrew*, 1623, Act I, Sc. I, v. 45; *Hamlet*, 1603, Act III, Sc. II, v. 6 (onde há duas repetições enfáticas, a última deixando claro o sentido então em voga de *beget* como "obter": "In the very torrent, tempest; and: As I may say, the whirlwind of passion... *acquire* and *beget* a temperance"). "Em pleno temporal, na tempestade e, como direi, no redemoinho da paixão... adquirir e conseguir (*beget*) moderação." Embora tenhamos encontrado em 17 peças diferentes de Shakespeare o verbo *beget* com o sentido de "produzir", isto é, de "dar nascimento", "gerar", "criar", que é o significado hoje corrente. Mas este não serve à polêmica, que gira em torno de *begetter* como "inspirador" — que não é — ou como "apanhador", "coletor" ou "obtentor", o que busca por encomenda de outrem, que, a nosso ver, é o sentido exato no texto da dedicatória.

É preciso não esquecer que a oferenda não é do autor Shakespeare, como as de *Venus and Adonis* e de *Lucrece*, ostensivas e — conforme os estilos da época, a confissão das intenções e as diferenças de castas — servilmente submissas. É do editor pirata, propositadamente construída para criar um clima sensacionalista no leitor, alimentando o mistério, mas, de qualquer maneira, só podendo, pela data da edição — mais de dez anos depois da circulação manuscrita e, talvez restritíssima, ante a adjetivação de Meres: "among his *private* friends", "entre os seus amigos íntimos" — ser dirigida a quem *obteve* a preciosa coleção, o ainda hoje abscôndito e furtivo "W.H.".

Mas não se pode negar que Thomas Thorpe quis esconder o nome do coletor ou apanhador, quer para cobri-lo contra a eventual quebra da privacidade com que se acumpliciara, quer para criar o enigma e provocar as conjecturas que ainda hoje torturam ou deliciam os pesquisadores e escolásticos, levantando hipóteses, construindo teorias ou apontando meras pistas que não conduzem a nenhuma conclusão objetiva.

A verdade é que, até na diagramação tipográfica da dedicatória, formando três triângulos, já se apontou a existência proposital de um altar ou de um monumento ao poeta. Malone foi censurado recentemente porque, no primeiro volume acrescentado à edição Johnson-Steevens de Shakespeare (1785), onde se encontram os sonetos, alterou a ordem tipográfica original da dedicatória, retirando-lhe os pontos entre as palavras e reduzindo o número de linhas. Somente porque ao crítico interessava a tese — que lhe custou um livro de 328 páginas, aparecido no quarto centenário de nascimento do poeta (1964), Leslie Hotson, "Mr. W.H.", no gênero das alucinações baconianas, ao qual nem sequer faltaram supostas criptografias nos sonetos — de que as iniciais do *begetter* eram, para ele, inequivocamente, *Master William Hatcliffe*, de Lincolnshire, da "Gray's Inn", e portanto advogado. O autor pretende haver descoberto o nome de Hatcliffe, sob a forma vulgar de Hatliv, desde a dedicatória até cerca de quarenta sonetos, num jogo criptográfico de puro artifício. E afirma, utilizando o mesmo processo do baixo-cifrado, que a "Dark Lady" teria sido Lucia, Lucy e, afinal, Luce Morgan, uma das damas de honra da rainha Elizabeth, que realmente existiu. Tudo feito com uma vasta pesquisa de fontes, mas com um profundo ridículo de métodos. Como ridículas são, em grande parte, as numerosas conjecturas que atropelam o grande mistério dos sonetos e das suas publicações, segundo acentua Chambers: "There is much absurdity in many of these views. More folly has been written about the sonnets than about any other Shakespearean topic." "Há muita insensatez em vários desses pontos de vista. Têm-se escrito mais tolices acerca dos sonetos do que sobre qualquer outro tópico da obra de Shakespeare."

Vamos, por isso, resumir as atribuições relativas ao "Mr. W.H.", talvez na maior lista jamais publicada, frisando sempre que foi uma astúcia do editor pirata, e nunca do autor dos sonetos. Só isto basta para lhes retirar a plausibilidade, em qualquer das indicações conhecidas, fora do destinatário dos 116 primeiros sonetos, que seria o 3º conde de Southampton, Henry Wriothesley, a quem Shakespeare já dedicara aberta e humilissimamente os dois poemas que realmente aparecem, em toda a sua obra, como de publicação autorizada, já referidos: *Venus and Adonis* e *The Rape of Lucrece*.

E para tanto preferimos pôr de lado a profusa controvérsia que, a partir de 1781, põe em dúvida a inequívoca autenticidade da autoria de William Shakespeare em relação à sua obra — sem negar a existência do ator de Strattford-on-Avon — e que continua a ser uma espécie de *whodunit* ("quem o fez", dos casos ou romances policiais), para apenas referir os nomes dos principais candidatos a essa glória, defendidos e atacados numa bibliografia que atinge a milhares de livros e artigos, sem contar as sociedades e revistas especializadas que, durante longos anos, se constituíram para este objetivo de contestação: 1) Francis Bacon, o ensaísta, filósofo e político, barão de Verulam e visconde de St. Albans, condenado no final da carreira como juiz corrupto; 2) Edward de Vere, 17º conde de Oxford e, para outra classe de "oxfordianos", apenas líder de uma equipe que teria escrito com ele toda a obra na qual se incluem o próprio Bacon, *Sir* Walter Raleigh, o conde de Rutland, a condessa de Pembroke (irmã de *Sir* Philip Sidney) e o poeta Christopher Marlowe; 3) William Stanley, 6º conde de Derby, que realmente escreveu algumas comédias no tempo de Shakespeare; 4) Roger Manners, 5º conde de Rutland; 5) Christopher Marlowe, poeta e dramaturgo, assassinado em Deptford em 1593, quando várias peças de Shakespeare não haviam sequer sido escritas ou encenadas; 6) e, de cambulhada, ainda Edmund Spenser, *Sir* William Dyer, William Stanley, *Sir* Francis Drake e John Florio. Enfim, o Homero inglês.

É que nessa polêmica também surgem, pelos mais complicados processos, alguns "Mr. W.H." para engrossar a lista das conjecturas e teorias fantásticas que envolve cada um dos numerosos problemas do *scholarlore* shakespeariano.

Assim, apontam-se como "Mr. W.H.": 1) William Shakespeare, em primeiro lugar, como resultado de um "erro tipográfico" (Ingleby, Brae) ou, com o inaceitável jogo oculto de "William Himself" (Barnstorff, Godwin); 2) William Herbert, conde de Pembroke, cuja amante, Mary Fitton, seria igualmente a "Dark Lady" (Bright, Dowden, Doaden, Ulrici, Massey, Hallam, Minto, A. Brown e H. Brown); 3) William

Hathaway, cunhado de Shakespeare, irmão de sua mulher Anne (Neil, Elze, Corney); 4) William Harte, sobrinho de Shakespeare (Farmer), atribuição destruída com a prova de que nasceu em 1600 (Massey); 5) William Hervey, filho de um segundo casamento da mãe do conde de Southampton, a quem James I fez barão e passou a ser depois Lord Hervey Kidbrooke em 1627 (Stopes, Quennell); 6) William Hughes, um ator da companhia de Shakespeare, pela referência a "Hew" e "Hews" feita no verso 7 do Soneto 20 (Tyrwhitt, Oscar Wilde); 7) William Hammond (Ellis, Hazlitt); 8) William Hewes, músico da época (Elliot Browne); 9) Henry Walker, afilhado de Shakespeare (?), também com as iniciais invertidas (Elliot Browne); 10) William Hugton, dramaturgo (também Elliot Browne); 11) Henry Willobie, que teria usado o pseudônimo de "Hadrian Dorrell" na obra *Willobie His Avisa*, e cuja esposa seria, também, a "Dark Lady" (*avis rara*, Avisa), amante do Bardo (Aubrey); 12) William Hall, impressor ou gerente de livraria (Forsyth, Lee); 13) *Sir* Thomas Walsingham, patrono de Marlowe, com esta fórmula de ocultação: Walsingham = Walsing--ham = W.h. = "W.H." (Calvin Hoffman); 14) Henry Wriothesley, 3º conde de Southampton e barão de Titchfield, mediante a inversão das iniciais H.W. para W.H. (Em relação a Southampton são poucos os que aceitam essa atribuição, pelas considerações seguintes: a) Não haveria razão para esconder o homenageado, já sabidamente patrono de Shakespeare e beneficiário das dedicatórias ostensivas dos dois poemas anteriores, *Venus and Adonis* e *The Rape of Lucrece*; por que, então, escondê-lo com a troca de iniciais?; b) O editor não poderia tratar um nobre por "Master" ou "Mister" ("Mr. W.H."), crime de difamação na época, ainda que para criar o mistério que ainda hoje envolve o problema; c) Nenhuma razão o conduziria a essa dedicatória codificada, a não ser a simples especulação a ser criada, pois o fato não agradaria o conde pela ausência do requinte de subserviência que era típico dessa prática de oferenda, além da falta de respeito aos títulos de nobreza e seus apelativos, não mencionados; d) Para outros, como se viu acima, o editor quis, na verdade, embora por um processo destinado a criar confusão ou perplexidade, ser grato ao coletor ou apanhador da coleção, que alguns imaginam ter sido uma coletânea do próprio Shakespeare dada ao "W.H.", e outros admitem que, mesmo assim, o *begetter* a tenha vendido a Thomas Thorpe, como era dos hábitos da época entre esse tipo de coletores dos sonetos que circulavam em manuscrito.

Assim, "Mr. W.H." nasceu com um propósito de ocultação ou mistério — segundo alguns até para não atingir a modéstia do eventual *doador* da coleção, que, então, não teria agido *profissionalmente* — havendo quem imagine que essas iniciativas nada significam, seriam de uma pessoa fictícia (Acheson). E para a condessa de Chambrun (Clara Longworth) — que nos brindou, em francês e na própria língua inglesa, que tão bem manuseou, com várias obras sobre o Bardo —, o Soneto 122 é uma espécie de desculpa do próprio Shakespeare a Southampton por haver dado um volume com todos eles a alguém que respondia pelas iniciais "W.H." e que o teria passado a Thomas Thorpe.

É interminável a cadeia de conjecturas, nenhuma delas, entretanto, com qualquer documentação. *Begetter* se explica, pelo menos lógica e lexicamente, com a acepção registrada na época de "coletor" ou "obtentor". Todas as atribuições referentes a "Mr. W.H." que possam corresponder a este significado podem ter, quando menos, plausibilidade. As outras perdem-se na própria perplexidade que conduziu o pesquisador a admiti-las, mas continuarão a alimentar o problema e o mistério que as envolve. Assim, "Mr. W.H." permanecerá, como certamente foi concebido, na hoje famosa dedicatória de um editor pirata, como um obscuro e indecifrável segredo, embora "claro enigma".

E na mesma obscuridade continuaremos todos — pois que de escuridão *real* e *metafórica* se trata — quanto à identificação da "Dark Lady", a morena dama de olhos negros, eventual destinatária dos Sonetos 127 a 152, que compõem uma sequência distinta da obra lírica e dramática contida nos 154 *quatorzains* de Shakespeare, dos quais os 126 primeiros inequivocamente se dirigem a um jovem amigo, seu necessário patrocinador. E a cerração seria maior se, antes de enfrentar mais este mistério dos sonetos, fôssemos analisar a enorme problemática construída em torno deles como composições isoladas ou como partes de dois ou mais poemas distintos, para alguns interligados por uma triangulação amorosa incontestável, para outros separados com destinação diversa, ambivalentes ou polivalentes, para uma grande maioria produto de meros exercícios literários sobre os temas de amor correntes, ou de sentido clássico ou esotérico.

A discussão começa em torno da validade da ordem em que foi publicada a primeira edição de Thomas Thorpe (1609) e continua através das outras, onde o arbítrio da distribuição dos sonetos não tem a menor explicação. Assim, diz-se que houve sete edições da primitiva, mas em 1640 Ben Jonson publicou a obra *Poems: written By Wil. Shakespeare, Gent.*, com vários sonetos, sendo os três primeiros da edição de T.T. (Thomas Thorpe) apresentados como um só poema, vários omitidos e os restantes publicados em grupos distintos, com a sugestão de que, com raras exceções, eram endereçados a uma mulher. Segundo Dowden só na segunda metade do século — por conseguinte depois da edição de Ben Jonson — é que os editores e críticos teriam descoberto (?) que a maior parte era dirigida a um jovem. Daí partiram, então, diversas proposições para uma nova divisão em vários poemas e para uma nova ordenação e numeração, segundo critérios os mais diversos, embora muitos deles admissíveis, tendo-se em conta o curso do tempo e a temática.

A ordem dos poemas na edição de 1640 é realmente arbitrária e foi seguida pela edição de Gildon (1710), de Sewell (1725 e 1728), de Ewing (1771) e de Evans (1775). Em todas essas edições foram omitidos os Sonetos 18, 19, 43, 56, 75, 96 e 126; e os Sonetos 138 e 144, ora traduzidos por Ivo Barroso segundo a letra original da edição de T.T., se apresentam com as variantes encontradas no *Passionate Pilgrim*, a que já nos referimos atrás. Somente em 1709, a edição de Lintott, em dois volumes, republicou todos os 154 sonetos da primeira edição de 1609, com o seguinte curioso título e descrição:

"A Collection of Poems, in Two Volumes; Being all the Miscellanies of Mr. William Shakespeare, which were publish'd *by himself* (?) in the Year 1609, and now correctly printed from those Editions. The First Volume contains: I. Venus and Adonis. II. The Rape of Lucrece. III. The Passionate Pilgrim. IV. Some Sonnets Set to Sundry Notes of Musics. The Second Volume contains: One Hundred and Fifty Four Sonnets *all of them in Praise of his Mistress* (?) V. A Lover's Complaint of his Angry Mistress. London. Printed for Bernard *Lintott* at the Cross-Keys, between the Two Temple-Gates, in Fleet Street."

"Uma coleção de Poemas, em Dois Volumes; Sendo todos a Miscelânea do sr. William Shakespeare, a qual foi publicada *por ele próprio* (?) no Ano de 1609, e agora corretamente impressa a partir daquelas Edições. O Primeiro Volume contém: I. Vênus e Adônis. II. A Violação de Lucrécia. III. O Peregrino Apaixonado. IV. Alguns Sonetos em conjunto com várias Peças de Música. O Segundo Volume contém: Cento e Cinquenta e Quatro Sonetos, *todos eles em louvor da sua amada* (?). V. Queixa de um Amante à sua Amada em Zanga. Londres. Impresso por Bernard *Lintott*, em Cross-Keys, entre The Two Temple-Gates, na rua Fleet."

Mas, como já o fizera Ben Jonson na edição de 1640, Lintott deu-lhes ordem diferente e escondeu o sexo dos destinatários, chegando a substituir no Soneto 108 *sweet boy* ("doce rapaz") por *sweet love* ("doce amor"), embora esquecendo no 126 o *lovely boy* ("jovem encantador").

Nem faltou quem sustentasse, em obra de quase trezentas páginas de duplo tamanho, que os sonetos foram o resultado de um torneio entre vários poetas, comum na época, como nos motes oferecidos à glosa dos versejadores do começo do século entre nós. Os temas teriam sido propostos a cinco poetas, Shakespeare inclusive. Assim, em vez do drama do amor frustrado e da ambição de *status symbol* com quatro personagens verdadeiros — o poeta, o patrono ("patron-*cum*-*false*-friend"), a amada e o poeta rival (aliás poetas rivais) que são exatamente os mistérios centrais do *sonneteering* shakespeariano — o autor, H.T.S. Forrest, apresenta duas teorias dentro do contexto do torneio. A primeira sustenta, relativamente aos sonetos dirigidos ao patrono, que foi realmente vivida, os quatro disputando os favores cortesãos de um vaidoso e caprichoso aristocrata, que aceita ser Southampton, através dos versos adulatórios. Os quatro seriam, então, Shakespeare, um poeta menor (Barnabe Barnes, realmente de fraca reputação), um advogado (William Warner) e um humorista (o grande John Donne). A segunda teoria é a de que, a partir de determinada série dos sonetos, cujo tema é o amor frustrado da "Dark Lady", desaparecem Barnes e John Donne, e entra em competição com Shakespeare Samuel Daniel, autor da coleção "Delia", já referida no começo. Em suma, Shakespeare teria escrito, dos 154, apenas 33 sonetos. Todo este exaustivo trabalho de pesquisa e comparação resulta, a nosso ver, da consabida existência, na era elisabetiana, de certa "rivalidade maliciosa entre membros de panelinhas literárias que se revezavam" ou, por causa disso, da existência de uma "sociedade que amava a poesia, mas se dividia em *coteries* rivais", como já em 1898 acentuava George Windham.

Não há limite — nem cabe nesta introdução — para as concepções relativas à destinação ou propósitos dos sonetos. Além de exercícios literários, pura produção imaginária de situações fictícias, seriam uma sátira do *mistress-sonneting* da época. Teriam sido alegóricos, e entre as diversas alegorias conjecturadas, uma — não se espante o leitor — envolveria o protestantismo, então dominante na Inglaterra, e a Igreja Católica, com especial alusão ao celibato, segundo elucidaremos adiante. Constituiriam um estudo da alma humana, dentro dos padrões clássicos. Seriam uma dramatização proposital dos *sonnets d'amour* consagrados na temática renascentista, contrariando-a na beleza, na castidade e nas virtudes habituais da mulher amada, para fazer do homem a sua vítima, e da amizade masculina o amor seguro e mais sincero do que o amor sensual feminino. Seriam esotéricos, herméticos, paradoxais, contestatários ou insurgentes contra a hipocrisia puritana ou contra a tirania dinástica. Seriam — e esta é a tese predominante — autobiográficos, os únicos elementos realmente ligados à vida pessoal e íntima do poeta, pelos quais se pode conhecer alguma coisa de certa fase da sua vida. E aí entram, a nosso ver, decisivamente contestadas e ultrapassadas, dentro do próprio contexto da coleção, as inferências de homossexualidade na ambivalência entre as relações de amizade com o patrono, o *lovely boy*, inferências que não prosperaram e que o Soneto 20 destrói por si só. Seriam, enfim, um desafio a toda a temática da época, impulso de criação de uma nova forma de expressão e conteúdo, como toda obra de gênio. Que poderiam não se referir, portanto, nem a um só homem, nem a uma só mulher.

Assim, o reordenamento e a redivisão da coletânea se fazem sempre em função dessas diversas opções.

Qualquer que seja, porém, o ordenamento ou a recolocação dos sonetos — nas edições primitivas ou nas múltiplas soluções construídas ou propostas —, há uma interconexão entre eles, excluídos, como polêmicos, talvez apenas meia dúzia, entre eles os dois últimos (153 e 154), na verdade tipicamente clássicos, com um incontestável tema mitológico (Cupido), mas de toda maneira admiráveis. Seriam uma tradução de epigramas de uma antologia grega difundida na época em tradução latina, com 4.500 peças de todos os gêneros, escritas por mais de trezentos escritores ou poetas, inclusive Marianus Escholasticus, autor dos temas desses dois que fecham a coleção. E a conjugação ou contiguidade das duas partes ou poemas não foge ao triângulo, para muitos críticos sem originalidade como tema, mas com uma força dramática e lírica que justifica a sua perenidade: o poeta apaixonado utiliza o patrono para aproximar-se da amada sem escrúpulos; é traído pelo intermediário, mas este é perdoado pela superposição da amizade masculina ao patrono, acima da sedução da mulher infiel. A primeira parte do poema (1 a 16 — estimulando o patrono a casar para que a sua beleza se perpetue, denominados *The Procreation Sonnets* — e 17 a 126, com os altos e baixos da amizade, da adulação e do ciúme) já traz a comunicação com a segunda (Sonetos 127 a 152), que são poemas ao mesmo tempo de amor e de ódio, de compreensão e de condenação, de elogios e de agravos, chegando ao insulto e ao vilipêndio (Soneto 137). E essa mulher era de tez escura e olhos negros.

Daí a "Dark Lady", consagrada pela crítica sob essa denominação exaltadora, mas que nenhum dos sonetos tratou como "Lady". Para o poeta, ela era a "Dark Mistress" ou a "Black Beauty". Por iniciativa de uma aventura que o teria levado a um romance inadvertido, ou realmente seguindo uma inclinação revolucionária da masculinidade burguesa da época, teria desprezado ou deixado num segundo plano — para a sua vida íntima — o modelo da poesia renascentista e cavalheiresca, cujas heroínas eram louras. As *brunettes* foram satirizadas pelos trovadores como vítimas de um desprezível infortúnio. Shakespeare terá ousado o endeusamento da negritude, que teria passado a ser a nova cobiça romanesca. A morenidade oriental ou peninsular, que na Itália, na Espanha e em Portugal ainda é a beleza antipetrarquiana, não marcou apenas os seus sonetos, mas perpassa a sua obra em outros temas, com Rosalines, Desdêmonas, Mirandas, Créssidas e Cleópatras.

Para os que admitem a natureza autobiográfica dos sonetos, e constituem uma parte considerável dos críticos, sobretudo pela qualidade, surgem, então, as diferentes conjecturas e opiniões, algumas com certa base em relações sociais que deixaram rastros na crônica da época, a maioria por inferência, grande parte por simples suposição. E, então, a "Dark Lady" seria:

1) Mary Fitton, também conhecida como Mall Fitton, amante de Henry Herbert, conde de Pembroke, dama de honra de Elizabeth,

afinal banida da Corte, e que segundo alguns contestadores era loura (mas foi a escolhida por George Bernard Shaw para a sua sátira *The Dark Lady of the Sonnets*); 2) Penelope Devereux, também dama de honra da rainha; 3) Jacqueline Vautrollier, mulher do impressor Richard Field, que editou os dois poemas *Venus and Adonis* e *The Rape of Lucrece*, pessoalmente dedicados por Shakespeare a Southampton; 4) Elizabeth Vernon, seduzida por Southampton, com quem casou grávida (como acontecera ao próprio Shakespeare com Anne Hathaway, oito anos mais velha) e manteve, depois, em sua vida de altos e baixos, um casamento feliz; 5) Lady Negro, cortesã fácil entre os advogados das "Inns of Court", abadessa de Clerkenwell, a mesma Luce Morgan ou Luce Parker, que teria falecido de doença venérea; 6) Lady Penelope Rich, outra amante do conde de Pembroke, mas neste caso com a atribuição dos sonetos a este; 7) Elizabeth Trentham, segunda mulher de Edward de Vere, 17º conde de Oxford, também na atribuição da autoria dos sonetos e de toda a obra de Shakespeare a ele; 8) Jane Davenant, mãe de *Sir* William Davenant, vinhateiro, dizendo-se ser este filho bastardo de Shakespeare, que se orgulhava, segundo Aubrey, dessa ascendência ilegítima; 9) Anne Sachefeilde, filha ilegítima de William Bird, prefeito de Bristol, e primeira mulher de John Davenant, também vinhateiro e pai de *Sir* William Davenant (contesta-se que ela tenha sequer existido, apesar da atribuição de Acheson, que a identifica com a Avisa [*avis rara*] do poema narrativo *Willobie His Avisa*, de longo título, publicado sob o pseudônimo de Hadrian Dorrell, como já dissemos antes, mas tido geralmente como da autoria de Henry Willoby, que seria um dos possíveis "Mr. W.H.", já atrás referido); 10) a noiva do Cântico dos Cânticos de Salomão, *black but comely* ("preta mas atraente"), dentro da teoria alegórica de que toda a coleção se liga com a conjuntura da Reforma na Inglaterra (!): os Sonetos 1 a 17 seriam uma declaração protestante contra o celibato, sob a forma de mensagem ao Homem Ideal, nos seus atributos de Beleza e Amor (na idade elisabetiana, como na Grécia antiga ["love and friendship was mutually convertible: lover and lover = to friend"], Drake: "o amor e a amizade eram como que sinônimos: amor e amante iguais a amigo"); o jovem amigo aristocrata seria o divino *Logos*; o *better angel* ("o anjo melhor") do Soneto 144 seria a Igreja Reformada; o *worser spirit* ("o espírito pior"), o celibato católico;

em suma, o amor e a sua disciplina ("ama ao teu próximo como a ti mesmo"), a emancipação dos apetites instintivos dentro dos limites da razão constituíram argumentos da Reforma desencadeada por Lutero e seriam, então, o argumento dos Sonetos...; 11) a rainha Elizabeth (!), segundo os Sonetos 83, 86 e 140; 12) Anne Hathaway, a própria mulher de Shakespeare, quando noiva e já esposa, de quem ele viveu afastado em Londres, muitos anos, a quem Charles Knight atribui pelo menos os Sonetos 61, 62, 63, 127, 131, 132, 139, 140 e 149, na reordenação proposta aos poemas; 13) e, por último, Emilia Lanier, a mais recente atribuição, que coincidiria com o retrato definido dos sonetos: uma mulher sem beleza, mas atraente e dedicada à música; de má sorte e má reputação pelo seu caráter, assim no comportamento físico como na maldade interior; orgulhosa, tirânica, temperamental, traiçoeira; o inferno. Pretende havê-la descoberto A.L. Rowse, um dos maiores escolásticos e pesquisadores do Renascimento inglês e da obra de Shakespeare, através dos arquivos existentes na Universidade de Oxford (Bodleyan Library), num diário do famoso astrólogo Simon Forman, de quem foi ela cliente, como grande parte da sociedade da época (*The Times*, Londres, 29 de janeiro de 1973). Este é o mesmo Rowse, talvez o mais prolífico dos estudiosos de Shakespeare em nossos dias, que, entretanto, no seu livro específico sobre os sonetos, repisava esta afirmação do consenso geral dos estudiosos mais prudentes: "We are never likely to know who Shakespeare's mistress was: all that we know of her is internal to the Sonnets, and there is no likelihood on our establishing a junction with the external world." "Provavelmente nós jamais vamos saber quem foi a amante de Shakespeare: tudo que sabemos dela está escondido nos sonetos, e nenhuma probabilidade existe de estabelecer uma ligação entre isso e o mundo exterior." E concluía: "More nonsense has been written on this theme than even in regard to other aspects of the Sonnets." "Têm sido escritos sobre este tema mais disparates do que em relação a quaisquer outros aspectos dos sonetos."

Como se vê, a "Dark Lady" continua a dama escondida, um fantasma hamletiano, a musa clássica ou a mulher em carne e osso do poeta, mas incógnita e misteriosa. Rosaline de *Love's Labour's Lost*, Cleópatra de *Antony*, Créssida de *Troilus* — na sua própria obra teatral — ou alegorias semelhantes que a imaginação dos idólatras multiplica e continua a projetar, qualquer temática alusiva não seria senão um meio de ocultar a verdadeira amante, cujo drama tudo indica que o poeta realmente viveu, e que foi, na verdade, segundo Wordsworth, uma imposição dos seus "own feelings in his own person", "a great number of exquisite feelings felicitously expressed"; "uma imposição dos seus próprios sentimentos, no seu homem interior", "um número considerável de raras emoções, da mais feliz expressão".

E o "poeta rival", a que se referem vários sonetos? É outro problema, entre muitos que sequer afloramos. Analisando e comparando-se todos os sonetos relacionados com o mistério do ciúme e da rivalidade — excluídos os que envolvem apenas a infidelidade do patrono —, apura-se que Shakespeare não aludiu apenas a um poeta rival, mas a mais de um, pelo menos (Sonetos 21, 23, 48, 78, 80, 82, 83, 84, 85 e 86). E a lista dos rivais, eleitos pelos caçadores de pérolas, é grande e importante na qualidade: Chapman, Marlowe, Spenser, Drayton, Daniel, Marston e Barnes, este de segunda categoria. Chapman e Marlowe aparecem como os mais indicados e mais prováveis. Mas, como no anonimato da "Dark Lady", também o mistério dos "poetas rivais" atravessará os tempos do mesmo modo que a coleção dos sonetos nas suas sequências ou subsequências, imaginadas, coordenadas ou propostas, sob os mais diversos critérios.

Restaria falar da problemática da tradução poética. Mas não cabem aqui senão sucintas referências. Todos os verdadeiros poetas, inclusive os bons tradutores, admitem que a poesia, em si mesma, é intraduzível. O que há na tradução é uma aproximação, uma recriação poética, uma transposição temática ou imagística, que não dispensa paráfrases e até antífrases, ou a substituição de metáforas que se possam equivaler. A melhor tradução ainda é uma tentativa feliz de fazer acontecer signos diferentes — pois que diferentes o código da fonte e o código da transposição —, de aproximar os achados poéticos, a iluminação, a música, o ritmo e sua solidária sonoridade, o jogo verbal ou literal, a mesma impossível e inefável poesia, cada dia mais abstrata e *acontecida* dentro do poeta. Por isso, a Nova Crítica, esta que ainda não chegou à translinguística, mas extrapolou, nas últimas décadas, do escolasticismo clássico e da rigidez aristotélica, para descer às operações simbólicas do pensamento humano e ao seu significado ("and hence on the *structures* of *meaning*, which, because they are basic and universal in man's experience, are in a sense *given* to poets rather than *created* by them", R.S. Crane), ("e, consequentemente, dentro das *estruturas* do *significado*, as quais, porque básicas e universais na experiência humana, são, na verdade, *dadas* aos poetas, em vez de *criadas* por eles"), já enriqueceu o estudo moderno e a análise da obra shakespeariana com figuras do porte de A.C. Bradley, de G. Wilson Knight, de Cleanth Brooks e de Helen Gardner, como do próprio Crane, de Francis Fergusson, de J.V. Cunningham, de E.M.W. Tillyard e de A.A. Smirnov, este para tentar uma interpretação marxista, mas todos com novos *approaches*, tão oportunamente difundidos por Norman Rabkin. E é ainda dentro da Nova Crítica que não podemos pensar em tradução poética *tout court*, senão sempre em transposição, em nova expressão, nunca de toda a poesia original, senão de parte dela em conjugação com a eventual e indispensável poesia do servo tradutor.

Por isso, e de toda maneira, os sonetos de Shakespeare constituem o maior desafio aos tradutores. Omitindo qualquer referência às traduções para outras línguas, eles têm sido traduzidos na língua portuguesa, integral ou fragmentadamente — até onde tem ido a nossa capacidade de leitura e de pesquisa —, pelos seguintes admiradores do grande poeta:

a) *Portugueses*: 1) Maria do Céu Saraiva Jorge, todos os 154, em decassílabos, *Os Sonetos de Shakespeare*, s/e., Lisboa, 1962; 2) Camilo Castelo Branco, fragmentos dos Sonetos 71 e 105, no prefácio à tradução de *Otelo*, por D. Luís de Bragança, Livraria Civilização, Porto, 1886; 3) Luís Cardim, Sonetos 30, 71, 98 e 116, *Horas de fuga*, Coimbra Editora, 1952;

b) *Brasileiros*: 1) Jerônimo de Aquino, todos os 154, em dodecassílabos (vários com metaplasmos, por síncopes ou metáteses, que deslocam o acento e o ritmo), *Obras completas de Shakespeare*, Vol. XXII, Edições Melhoramentos, São Paulo, 1956; 2) Oscar Mendes, todos os 154, em versos brancos alexandrinos, *William Shakespeare — Obra completa*, Vol. III, Companhia José Aguilar Editora, Rio, 1969; 3) Péricles Eugênio da Silva Ramos, consagrado poeta, talvez o mais divulgado tradutor dos sonetos em língua portuguesa, 33 sonetos (5, 15, 18, 19, 22, 25, 27, 29, 30, 33, 53, 54, 55, 66, 71, 80, 86, 87, 98, 99, 106, 107, 117, 119, 121, 129, 130, 142, 144, 145, 146, 147 e 153), fora da ordem original da edição de 1609 para dar-lhes uma sequência pessoal, vencendo a dificuldade de fazê-lo também em decassílabos. *Sonetos de Shakespeare*, Edição Saraiva, São Paulo, 1953, ilustrada por Pedro Riu, e também em Edições de Ouro, de bolso, com as mesmas ilustrações e iconografia, Rio, 1966; 4) Samuel MacDowell Filho, antigo mestre da faculdade de direito do Recife, educado na Inglaterra e na França, que dominava admiravelmente os dois idiomas, 83 sonetos (de 1 a 20, 23, 26 a 30, 32, 33, 37, 40, 42 a 47, 50, 51, 53, 54, 61, 66 a 68, 71 a 73, 76, 79, 81, 86, 87, 89, 90, 94, 97, 98, 100, 104, 106, 107, 109, 111, 116, 119, 121, 123, 126 a 133, 138, 141 a 145, 147 e 153), também em decassílabos. "Pequena Sequência Shakespeariana", Edição *Jornal do Brasil*, Rio, 1952; 5) Geir Campos, esplêndido poeta e mestre de poética, Sonetos 25 e 116, em decassílabos, *William Shakespeare*, Edição do IV Centenário, Leitura S.A., patrocínio do Instituto Nacional do Livro, Rio, 1964, pág. 141; 6) Flora Machman, Soneto 27, quase todo em decassílabos, Idem, pág. 61; 7) Guilherme Figueiredo, Sonetos 22, 23, 55, 66, 71, 91 e 130, em decassílabos, parafraseados numa aproximação magnífica, "Shakespeariana", *in Ração do Abandono*, Edição Cátedra, Rio, 1973, dos quais os de números 22, 23 e 71 já haviam sido publicados no *Jornal de Letras*, nº 252, Rio, agosto de 1971; 8) José Alberto Gueiros, Sonetos 11, 127 e 144, em decassílabos, inéditos.

Embora não tenhamos tido a sorte de obtê-las, sabemos que há outras traduções brasileiras dos sonetos, por esta referência de Celeuta Moreira Gomes, no seu artigo "Shakespeare em traduções brasileiras": "Na safra atual de 'tradutores bissextos', contamos com os nomes de José Paulo Moreira da Fonseca, Ana Amélia de Queirós Carneiro de Mendonça, Abgar Renault, Oswaldino Marques, José Lino Grünewald, Plínio Salgado, Flora Machman e outros, uns mostrando suas preferências pelos sonetos, outros por trechos do *Hamlet*, *Troilo e Créssida*, *Antônio e Cleópatra* etc." (*William Shakespeare*, Edição do IV Centenário, acima citada, pág. 158).

E por fim, Ivo Barroso, com estes sonetos de mestre, em decassílabos, que motivaram esta Introdução.

Ultrapassando a Nova Crítica e entrando no domínio da teoria da linguagem, na literariedade e na poeticidade, as diversas escolas francesas já nos deram obras que perfilham o rumo novo que a tradução, como objeto da linguística (e da translinguística), passou a tomar — do mesmo modo que as Escolas ou os Círculos Linguísticos de Genebra, de Praga, de Moscou, de Copenhague, as diversas americanas e inglesas, a Glossemática, o Estruturalismo e todas as teorias linguísticas dos nossos dias fizeram da linguagem literária o objeto de uma ciência sem horizontes — numa contribuição para o que podemos chamar o Renascimento dos estudos da linguagem, fenômeno desta época de alta tecnologia e ciência especializada. Podemos citar alguns poucos, mas inegavelmente básicos: Jean-Pierre Vinay e Jean Darbelnet, Didier, Paris, 1958, verdadeiro tratado sobre a tradução; Jean-Paul Vinay, "La traduction humaine", in Encyclopédie de la Pléiade, Paris, 1968, págs. 729 a 757; Georges Mounin, "Les Belles Infidèles", in Cahier du Sud, número 12, Paris, 1955; Les Problèmes Théoriques de la Traduction, Gallimard, Paris, 1963; "D'une Linguistique de la Traduction à la Poétique de la Traduction", in Cahiers du Chemin, n° 12, Gallimard, Paris, 1971; Henri Meschonnic, Pour la Poétique II — Epistémologie de l'Ecriture Poétique de la Traduction, Gallimard, Paris, 1973.

Mas, os mestres franceses, como Jean-René Ladmiral, chefe de fila no assunto, reconhecem que "l'essentiel de la littérature scientifique concernant la traduction est en anglais". E, na verdade, destacam-se, nesta última década: Eugene A. Nida, Toward a Science of Translation, Leiden, Brill, 1964; J.C. Catford, Linguistic Theory of Translation, New York/Oxford University Press, 1965; Reuben A. Broner, On Translation, Harvard/Oxford University Press, 1959-1966; William Arrowsmith e Roger Shattuck, The Craft and Context of Translation, New York/London, Doubleday Doran, 1966; e Charles R. Taber e Eugene A. Nida, La Traduction Theorique et Méthodes, Alliance Biblique Universelle, Londres, 1971.

Jean-René Ladmiral, acima referido, com uma equipe de nomes da categoria de Maurice Gross, Henri Meschonnic, Charles R. Taber, Jean Fourquet, Maurice Pergnier, Jean-Marie Zemb, Mario Wandruszka e Daniel Moskowitz — que é um corte semiestatístico do mundo da intelligentzia na matéria —, montou um trabalho, a que ele próprio emprestou uma admirável colaboração sobre a linguística e a pedagogia das línguas, exclusivamente dedicado à problemática da tradução, dentro da mais variada análise que a linguística nos pode oferecer hoje (Languages, n° 28, Didier/Larousse, Paris, 1972). Nele encontramos novos caminhos, inclusive a *poética da tradução*, e a análise — verdadeira confrontação — da tradução do sentido com a do estilo, a tradução encarada sob a pura teoria da linguagem, do plerema e do cenema de Hjelmslev. A da sociolinguística, do "o mesmo e o outro" de Platão, da ideia de uma interlinguística (contrastante, confrontativa e diferencial) no bilinguismo do tradutor (como nos casos de James Joyce, de André Gide ou de Guimarães Rosa) e até da pragmática tradução simultânea desses apóstolos de um novo Pentecostes, que são os intérpretes das conferências internacionais, quase todos escravos do verbo alheio e da própria memória, onde a poesia só pervaga dentro de cada um, sem o problema da tradução.

Vamos, então, esperar que a nova geração — a da ciência linguística, das gramáticas narrativa e gerativa transformacional, com todas as teorias que surgem em torno ou além delas, quase mensalmente, tornando uma tarefa difícil acompanhá-las mesmo nas revistas especializadas —, com seus fascinantes instrumentos de pesquisa, desça à riqueza desse fundo de mar que é a *lírica shakespeariana*. Para o seu estudo linguístico no universo da semiótica poética, da análise textual, da semanálise, para todo o tipo de análise e de crítica que a sua poeticidade comporta e reclama, porque é inesgotável.

Foi nesse oceano pacífico, e por isso tão profundo, que Ivo Barroso já trocou barras de ouro esterlino — apanhadas de caravelas piratas mergulhadas há quatro séculos — por luzidios cruzados portugueses, cambiados em cruzeiros do novo mundo em que ainda estamos começando a desembarcar. Mas onde é o canto que conta, moeda de retribuição dessa imensa forma de amar, que é traduzir o poeta da nossa paixão, papel fiduciário de curso forçado, que só se emite de cambista a cambista, de poeta a poeta: aquele que teve o gênio e a glória de criar ou receber, e o que tem o engenho e a fortuna de reproduzir ou recriar.

Nehemias Gueiros

Conheça os títulos da Coleção Clássicos de Ouro

132 crônicas: cascos & carícias e outros escritos — Hilda Hilst
24 horas da vida de uma mulher e outras novelas — Stefan Zweig
50 sonetos de Shakespeare — William Shakespeare
A câmara clara: nota sobre a fotografia — Roland Barthes
A conquista da felicidade — Bertrand Russell
A consciência de Zeno — Italo Svevo
A força da idade — Simone de Beauvoir
A guerra dos mundos — H.G. Wells
A ingênua libertina — Colette
A mãe — Máximo Gorki
A mulher desiludida — Simone de Beauvoir
A náusea — Jean-Paul Sartre
A obra em negro — Marguerite Yourcenar
A riqueza das nações — Adam Smith
As belas imagens (e-book) — Simone de Beauvoir
As palavras — Jean-Paul Sartre
Como vejo o mundo — Albert Einstein
Contos — Anton Tchekhov
Contos de terror, de mistério e de morte — Edgar Allan Poe
Crepúsculo dos ídolos — Friedrich Nietzsche
Dez dias que abalaram o mundo — John Reed
Física em 12 lições — Richard P. Feynman
Grandes homens do meu tempo — Winston S. Churchill
História do pensamento ocidental — Bertrand Russell
Memórias de Adriano — Marguerite Yourcenar
Memórias de um negro americano — Booker T. Washington
Memórias de uma moça bem-comportada — Simone de Beauvoir
Memórias, sonhos, reflexões — Carl Gustav Jung
Meus últimos anos: os escritos da maturidade de um dos maiores gênios de todos os tempos — Albert Einstein
Moby Dick — Herman Melville
Mrs. Dalloway — Virginia Woolf
O banqueiro anarquista e outros contos escolhidos — Fernando Pessoa
O deserto dos tártaros — Dino Buzzati
O eterno marido — Fiódor Dostoiévski

O Exército de Cavalaria (e-book) — Isaac Bábel
O fantasma de Canterville e outros contos — Oscar Wilde
O filho do homem — François Mauriac
O imoralista — André Gide
O príncipe — Nicolau Maquiavel
O que é arte? — Leon Tolstói
O tambor — Günter Grass
Orgulho e preconceito — Jane Austen
Orlando — Virginia Woolf
Os mandarins — Simone de Beauvoir
Retrato do artista quando jovem — James Joyce
Um homem bom é difícil de encontrar e outras histórias — Flannery O'Connor
Uma morte muito suave (e-book) — Simone de Beauvoir

DIREÇÃO EDITORIAL
Daniele Cajueiro

EDITORA RESPONSÁVEL
Ana Carla Sousa

PRODUÇÃO EDITORIAL
Adriana Torres
Mônica Surrage

REVISÃO
Anna Beatriz Seilhe

DIAGRAMAÇÃO
Filigrana

Este livro foi impresso em 2021
para a Nova Fronteira.